ICF

LEO BIGGER

jakob

MIT GOTT DIE WELT AUF DEN KOPF STELLEN

fontis

DER AUTOR

Leo Bigger und seine Frau Susanna sind leitende Pastoren des ICF Zürich, einer Kirche mit 3200 Besuchern pro Wochenende in 7 Locations, und Leiter des ICF Movement. Mit ihren beiden Kindern leben sie in der Nähe von Zürich. Bewusst versuchen sie, so authentisch und überzeugend zu leben, dass sie damit Vorbild sein und mit ihren Mitarbeitern zusammen viele Menschen in der Schweiz und in ganz Europa inspirieren können.

Im Jahr 1996 gründeten Leo und zwei weitere Pastoren ICF Zürich. Damit verwirklichten sie den Traum von einer «Kirche am Puls der Zeit», wo Menschen Jesus begegnen und ein Zuhause finden können. Heute gehört ICF mit bereits über 50 Kirchen zu einer der größten kirchlichen Bewegungen in Europa. Leo ist außerdem Autor mehrerer Bücher, Gastredner im In- und Ausland und TV-Prediger auf diversen deutschsprachigen Fernsehsendern (www.icf-tv.com). Man hört immer wieder, Leo begeistere die Leute und motiviere sie durch seine leidenschaftliche, humorvolle und unkomplizierte Art.

leobigger.com
icf.church
icf-tv.com

Wer stand Model für die Fotoshootings zu diesem Buch?

Fürs Cover und etliche Bilder im Inhalt: Das Cover-Model ist **Gabriel Hauser,** der 2017 das «ICF College» absolvierte. Deshalb lief er uns während der Gestaltungsphase dieses Buches immer wieder mal über den Weg – und fiel uns mit seinen Model-Qualitäten natürlich auf! Nach dem Covershooting im Studio fotografierte unser Art Director Leon Seierlein ebendiesen Gabriel Hauser an verschiedenen Orten im Raum Wädenswil in der Nähe von Zürich. Diese Bilder des bärtigen «Jakob» in Schweizer Umgebung sind unschwer zu erkennen!

Für die Aufnahmen in der Wüste Israels: Das andere Model ist **Artyom Tkachenko.** Der auf dem Motorrad fahrende «Jakob», der durch die Wüste Israels brettert, wurde durch unsere Kontakte zum «ICF Tel Aviv» gefunden. Die Fotos wurden in der Wüstenregion um Tel Aviv gemacht.

Bibliografische Information der Deutschen Nationalbibliothek

Die Deutsche Nationalbibliothek verzeichnet diese Publikation in der Deutschen Nationalbibliografie; detaillierte bibliografische Daten sind im Internet über www.dnb.de abrufbar.

Die Bibelzitate stammen aus folgenden Ausgaben:

Hfa = Hoffnung für alle® © 1983, 1996, 2002, 2015 Biblica Inc.®; hrsg. von Fontis – Brunnen Basel
GNB = Gute-Nachricht-Bibel © 2000 Deutsche Bibelgesellschaft, Stuttgart
DGN = Die Gute Nachricht © 1982 Deutsche Bibelgesellschaft, Stuttgart
NLB = Neues-Leben-Bibel © 2002, 2006 SCM R. Brockhaus, Witten
NGÜ = Neue Genfer Übersetzung © 2011 Genfer Bibelgesellschaft

Ghostwriting: Konrad Blaser und Nicu Bachmann
Lektorat: Fontis – Brunnen Basel

Art Direction: Leon Seierlein
Gestaltung: Jonathan Truttmann
Mitarbeit: Gerome Morf
Umschlag: Jonathan Truttmann
Foto Umschlag: Jonathan Truttmann, Gerome Morf
Druck: Finidr
Gedruckt in der Tschechischen Republik

ISBN 978-3-03848-131-7

INHALT

«Von den zwei Söhnen in deinem Leib werden einmal zwei verfeindete Völker abstammen. Eins wird mächtiger sein als das andere, der Ältere wird dem Jüngeren dienen!» (1. Mose 25,23).

So lautete Gottes Botschaft an Rebekka, Isaaks Frau. Und als es so weit war, bekam sie Zwillinge: Esau und Jakob.

Hier findest du die Geschichte von Jakob.

Auf Hebräisch hat der Name Jakob Ähnlichkeit mit zwei Tätigkeitswörtern: «halten» und «betrügen». Bei seiner Geburt hielt Jakob die Ferse seines älteren Bruders Esau fest. Und sein ganzes Leben lang ging es um Betrügereien.

Jakob betrog seinen Vater und seinen Bruder, aber er wurde auch selbst betrogen – erst von seinem Onkel und später von seinen eigenen Söhnen.

Jakob und sein Bruder Esau sind Zwillinge, aber sie sind völlig verschieden. Esau ist rothaarig, behaart wie ein Tier, geht gern auf die Jagd und ist am liebsten in Wald und Feld unterwegs. Er ist Isaaks Lieblingssohn. Jakob, der unmittelbar nach seinem Bruder auf die Welt gekommen ist, liebt das gemütliche Leben und bleibt lieber zu Hause, im Zelt, bei seiner Mutter Rebekka.

Eines Tages kommt Esau genau in dem Moment nach Hause, als Jakob eine Suppe fertig gekocht hat. Als Esau ihn darum bittet, etwas probieren zu dürfen, sieht Jakob seine Chance. Und so beginnt Jakobs Karriere als Betrüger ... (1. Mose 25,29–34).

Als Isaak alt wird, kommt der Tag, an dem sein ältester Sohn den Segen empfangen soll. Er bittet deshalb Esau, auf die Jagd zu gehen und ihm dann aus einem Stück Fleisch sein Lieblingsgericht zuzubereiten. Danach will er ihn segnen. Esau zieht los, aber Rebekka hat das Gespräch mitgehört. Eilig sagt sie Jakob, was er tun soll. Als Esau wenig später von der Jagd zurückkehrt, entdecken er und Isaak zu ihrem Entsetzen, dass Jakob sie betrogen hat. Anstelle von Esau hat Isaak Jakob gesegnet, und das kann nicht mehr ungeschehen gemacht werden (1. Mose 27,1–40).

Esau droht, Jakob umzubringen, weil er ihn betrogen hat, und Jakob flieht, so schnell er kann. Unterwegs schlägt er sein Nachtlager auf, legt sich auf die Erde und nimmt einen Stein als Kopfkissen. Obwohl er nicht gerade bequem liegt, hat er einen wunderbaren Traum. Am nächsten Morgen gibt er dem Platz den Namen «Bethel», das heißt: «Haus Gottes» (1. Mose 28,10–22).

Als Jakob endlich bei seinem Onkel Laban ankommt, lernt er dessen schöne Tochter Rahel kennen und verliebt sich Hals über Kopf in sie. Jakob und Laban einigen sich darauf, dass Jakob sieben Jahre für seinen Onkel arbeiten soll. Danach darf er Rahel heiraten. Jakob ist so verliebt, dass die sieben Jahre für ihn wie im Flug vergehen, und schon ist der Tag der Hochzeit da. Aber am Morgen nach der Hochzeitsnacht entdeckt Jakob, dass Laban ihn hinters Licht geführt hat. Der Betrüger ist betrogen worden (1. Mose 29,15–30).

Jakob und Laban einigen sich aber noch einmal, und Jakob bekommt seine Rahel nach der Hochzeitswoche für weitere sieben Jahre Arbeit. Und auch danach bleibt Jakob bei Laban und hütet dessen Schafe und Ziegen. Zum Lohn will er alle bunt gemusterten Ziegen und Schafe haben. Laban ist damit einverstanden, die Abmachung scheint gut zu sein. Aber Jakob hat anderes im Sinn. Schon bald ist er ein reicher Mann mit einer großen Herde (1. Mose 30,25–43).

Um weiteren Streit mit seinem Onkel zu vermeiden, beschließt Jakob, mit all seinen Frauen, Kindern und Tieren zurück in seine Heimat zu ziehen. Auf dem Weg ist er eines Nachts gezwungen, mit einem Fremden zu kämpfen. Die beiden ringen die ganze Nacht, ohne dass einer den anderen besiegen kann. Jakob wird von seinem Gegner gesegnet und bekommt dabei auch einen neuen Namen. Von jetzt an soll er Israel heißen (1. Mose 32,22–32; in der Bibel wird er aber weiterhin oft Jakob genannt).

Jakob begegnet nach vielen Jahren seinem Bruder Esau wieder, und der vergibt ihm (1. Mose 33,1–16). Aber der Betrüger wird noch ein letztes Mal betrogen, diesmal von seinen eigenen Söhnen. Davon kannst du mehr auf den Seiten in der Bibel lesen, die Josef betreffen (zum Beispiel 1. Mose 37,12–33).

Jemanden zu segnen bedeutet in der Bibel sehr viel mehr, als ihm «Viel Glück und alles Gute» zu wünschen.

Zu Jakobs Zeit glaubte man, dass der, der einen anderen segnet, einen Teil seiner eigenen Kraft auf ihn überträgt, so wie man durch ein Testament einen Teil seines Eigentums einem anderen vermacht. Deshalb konnte ein Segen auch nicht zurückgenommen werden.

Was man einmal übertragen hatte, gehörte nun dem anderen. In der Geschichte von Isaak und seinen Söhnen spielt das eine wichtige Rolle.

Ein moderner Leser fragt sich natürlich, warum Isaak nicht einfach Esau auch noch segnen konnte, nachdem er bemerkt hatte, dass der Segen an den Falschen gegangen war. Aber als Isaak Jakob gesegnet hatte, war der Segen sozusagen verbraucht, und es gab nichts mehr, was Isaak noch geben konnte.

Der Segen wurde noch wertvoller, wenn er von jemandem gespendet wurde, der viel zu geben hatte. Das traf für Isaak ganz besonders zu. Der Segen, den er Jakob gab, war der, den er selbst von seinem Vater Abraham bekommen hatte: das Geschlecht weiterzuführen, das zum auserwählten Volk werden sollte, den Bund mit Gott zu bewahren und so Gottes besondere Zuwendung zu erleben.

Aber ist dann nicht Isaak, sondern Gott selbst hinters Licht geführt worden? Und geht das überhaupt? Nein, das geht nicht. 1. Mose 25,23 spricht davon, dass Jakob von Anfang an dafür vorgesehen war, den Segen zu bekommen und weiterzugeben. Was Jakob tat, war nicht in Ordnung, aber es wurde doch zu einem Puzzleteil in Gottes großem Plan für sein Volk.

Quelle: Hoffnung für alle. Basics Edition und Heart Edition. Fontis – Brunnen Basel (Hrsg.).

ein gott der gen-era-tio-nen

KAPITEL 1

Woran denkst du beim Wort «Erbe»? Vielleicht an materielle Dinge wie ein fettes Geldkonto oder ein schickes Häuschen mit Pool und Pappelallee. Oder du denkst daran, wie du deinen Nachkommen in guter Erinnerung bleiben kannst, und lässt dich schon mal in patriarchalischer Pose von Picassos Nachfolger auf Öl bannen.

Doch wenn wir diesen Begriff aus göttlicher Sicht anschauen, gibt es noch einen weiteren Bereich, den wir beachten sollten. Die Bibel schreibt davon, dass du und ich ein geistliches Erbe für unsere Kinder und die kommenden Generationen anhäufen können. Wir sind in der Lage, die Gunst Gottes für unsere Kinder und deren Kinder bereitzustellen, indem wir uns entscheiden, unser Leben nicht nur zu unserem Vergnügen im heißen Blubberwasser zu verbringen, sondern Gott zu weihen.

Kürzlich habe ich mit meiner Mutter bei einem Kaffee zu Tisch gesessen. Redselig gönnte sie mir einen tiefen Blick in ihr wunderschönes Herz:

«Leo, ich bin froh, dass du Prediger bist. Ich habe als junge Mutter Gott immer wieder darum gebeten, dass doch einer meiner Söhne Priester wird. Und nun sehe ich dich. Okay, Prediger ist nicht Priester. Aber das geht in Ordnung, wer weiß schon genau, was Gott für eine Konfession hat. Ich bin einfach extrem dankbar, wie Gott meine Gebete durch dich erhört hat.»

Schon als kleiner Junge, als ich als Messdiener in der katholischen Kirche voller Enthusiasmus das Weihrauchfass schwang, hatte Kirche eine magische Ausstrahlung auf mich. Tief in meinem Herzen verspürte ich den Wunsch, in der Kirche und für die Kirche zu arbeiten. There is no business like church business!

Tja, anscheinend hat Gott die Gebete meiner Mutter erhört. Heute leite ich als ICF-Zürich-Pastor eine der größten Freikirchen der Schweiz. Und die Freude und Erfüllung, die ich dabei empfinde, verdanke ich einerseits dem Wunsch und dem Gebet meiner Mutter und andererseits Gott, der diesen Wunsch ins Herz meiner Mum gepflanzt hat und der immer einen Schritt vorausdenkt und schaut, wie er Wünsche in der Zukunft wahr werden lassen kann.

Wir hingegen denken oftmals nicht über unser eigenes Leben hinaus. Gott aber denkt in Generationen. Wenn nicht diese Generation ihre gottgegebene Bestimmung zu hundert Prozent ausleben kann, dann wird Gott höchstpersönlich dafür sorgen, dass es die nächste oder übernächste weiterführt und zu Ende bringt.

Und hier kommt good ol' Jacob ins Spiel, um den sich dieses Buch dreht. Jakob ist der Dritte aus der Reihe der bärtigen Stammesväter des Volkes Israel. Jakobs aufregendes und nervenaufreibendes Leben beginnt nämlich schon mit seinem Großvater Abraham. Wir lesen, wie Gott zu Abraham sagt:

1. MOSE 12,1–2: «Der Herr sagte zu Abram: ‹Verlass deine Heimat, deine Sippe und die Familie deines Vaters und zieh in ein Land, das ich dir zeigen werde. Ich will dir viele Nachkommen schenken und dich zum Vater eines mächtigen Volkes machen. So wirst du in aller Welt geachtet sein; an dir wird sichtbar werden, was es bedeutet, wenn ich jemand segne.›» (DGN)

Gott sagt zu Abraham: «Abraham, du wirst der Vater eines mächtigen Volkes, welches so zahlreich sein wird wie all die funkelnden funky Sterne am Nachthimmel oder die feinen Körner am Sandstrand der Malediven, an dem du unbedingt mal Urlaub buchen solltest.»

Doch als Gott Abraham die Zusage gibt, ist Abraham weder Vater noch in einem Alter, um Nachkommen in die Welt zu setzen. Aus menschlicher Sicht war es unmöglich, dass die Verheißung Gottes in seinem Leben noch eintreffen würde.

Aber Abraham entschied sich – entgegen aller Vernunft – dafür, Gott zu vertrauen, und folgte gehorsam seinen Weisungen. Er belud die Kamele, betankte sie ordentlich mit Wasser, brach mit seiner Familie auf und verließ das Land seiner Vorfahren.

Dieses Vertrauen in Gott öffnete die himmlische Dusche über Abraham. Eine Dusche voller Segen nicht nur für sein Leben, sondern auch für das seiner Nachkommen.

Immer, wenn wir es schaffen, Gott zu vertrauen, säen wir. Wir säen eine Saat aus, die sich schlussendlich für uns und unsere Nachkommen als Segen herausstellen wird.

So wie meine Mutter durch ihre Gebete großzügig säte, was in meinem Leben nun zum Vorschein kommt, kannst auch du die nächste Generation prägen, wenn du mit deinem Leben Gott voll und ganz vertraust und mit ihm durch dick und dünn gehst.

Und es kommt noch besser! Wir haben direkten Zugang zum Segen von Abraham. Denn wir sind geistlich gesehen Töchter und Söhne von Abraham.

GALATER 3,26–29: «Ihr alle seid also Söhne und Töchter Gottes, weil ihr an Jesus Christus glaubt und mit ihm verbunden seid. [...] Wenn ihr aber zu Christus

gehört, seid ihr auch Nachkommen Abrahams und seid damit – entsprechend der Zusage, die ‹Gott ihm gegeben hat› – Abrahams ‹rechtmäßige Erben›.» (NGÜ)

Gott gönnt dir den gleichen Segen wie Abraham. Wenn du Gott vertraust, kann er gar nicht anders, als dich zu segnen, weil das in deinen Genen festgelegt ist. Denn sobald du Jesus einlädst, es sich in deinem Herzen gemütlich zu machen, verändern sich deine geistlichen Gene. Du bist ab sofort kein Loser mehr, als der du dich oft fühlst, kein hoffnungsloser Fall und schon gar kein Zufallsprodukt, oh no! In dir fließt neu und exklusiv das Blut eines Gewinners, und du trägst die göttliche DNA in dir!

Und es ist höchste Zeit, sich von all den negativen Stimmen in deinem Leben zu verabschieden und sie ins Nirwana zu schießen. Den Stimmen, die dir sagen, dass du nie erfolgreich, nie heiraten und nie etwas zustande bringen wirst. Den Stimmen, die dir einbläuen wollen, dass dein Leben keinen Sinn macht, dass du nicht liebenswert bist und nie tolle Freundschaften haben wirst. Den Stimmen, die dir einflüstern, dass du zu wenig begabt bist, um deinen Job erfolgreich zu meistern, oder dass deine Ehe garantiert in die Brüche geht, weil es in deiner Familie ja schon immer so war.

Gib diesen Stimmen keinen Raum mehr. Du trägst die DNA Gottes in dir! Dein himmlischer Vater hat durch ein Wort die ganzen Galaxien erschaffen. Jesus, dein großer starker Bruder, hat den Feind der Menschheit endgültig besiegt. Mose, dein Vorfahre, hat zum Leid etlicher Fischfamilien das Rote Meer geteilt. In deinen Genen befindet sich die ganze Glaubensgeschichte aller biblischen Superhelden.

David hat mit nur einem Kieselstein Goliat ausgeknockt – in deinem Blut fließt die Möglichkeit zu außerordentlichem Mut. Simson, ein weiterer großartiger Vorfahre, allerdings mit einem nicht sehr hilfreichen Faible für das «schwache Geschlecht», hat die Mauer des feindlichen Tempels mit seinen Monsterbizeps zu Kleinstein verarbeitet – in dir ist das Potenzial zu übernatürlicher Kraft.

Daniel hat eine ganze Nacht bei den Löwen in der Grube verbracht, ohne dass sie ihm auch nur ein Achselhaar gekrümmt haben – auch du stehst unter dem übernatürlichen Schutz Gottes. Nehemia hat gegen heftigsten Widerstand mit einer kleinen Truppe die Mauern Jerusalems wieder aufgebaut – in deinen Genen stecken Durchhaltevermögen und Entschlossenheit. Königin Esther hat nach einem Milchbad ihr Leben für ihr Volk aufs Spiel gesetzt, indem sie uneingeladen den König besuchte – dieselbe Opferbereitschaft ist definitiv in dir zu finden.

«Das Schlimmste, was dir passieren kann, lieber Leo», so mein Coach, «ist, wenn du nicht mehr an dich glaubst. Wenn du nicht mehr glaubst, dass du der beste Pastor der ganzen Welt bist, dann hast du verloren. Und der Teufel bereits gewonnen. Ein Mensch, der zweifelt, bewegt nichts mehr. Wenn du, Leo, hier mit Selbstzweifeln rumeierst, bewegst du nichts und niemanden mehr – keinen einzigen Millimeter!»

Zack die Bohne! Das saß. Diese kleine Rede mit sehr viel Schmackes und gut durchgebraten brachte mich dazu, regelmäßig meinen Coach aufzusuchen. Denn wenn ich auf etwas keine Lust habe, dann darauf, in einer trostlosen Pfütze rumzudümpeln. Ich will vorwärtskommen, immer wieder zu neuen Ufern aufbrechen, und zwar mit einem Powerboot!

Und genau deshalb bewege ich alle vier Monate meinen knackigen Hintern in Richtung Coaching-Couch. Und jedes Mal, wenn ich dort wieder rauslaufe, bin ich zehn Zentimeter größer und denke: «Läck, bin ich en krasse Cheib!» («Boah, bin ich ein krasser Kerl!») Dieser Coach macht was mit mir. Etwas Matchendscheidendes.

Wenn du aufhörst zu glauben, dass du ein Gewinner bist, dass Gott einen Plan hat und noch viel Unglaubliches mit dir bewegen will, dann hat der Teufel sein Ziel erreicht. Du stehst still wie das Tote Meer. Jegliche innovativen Ideen, die eigentlich um die nächste Ecke auf dich warten würden, werden von dir gar nicht mehr entdeckt.

Es ist die größte Katastrophe, wenn wir nicht mehr an das Potenzial glauben, das Gott in dem Moment, als er uns geschaffen hat, liebevoll in uns hineingelegt hat.

DER VERTRAUENSTEST

Abraham schenkte den schier unmöglichen Zusagen Gottes Glauben, sattelte die Kamele, und auf ging's! Er verließ den heimischen Acker, seine Stammdönerbude «El Dromedar», um sich von Gott ein neues Fleckchen Erde zeigen zu lassen. Und dann schenkt ihm Gott doch tatsächlich den lang ersehnten Sohnemann! Und das alles ganz ohne Viagra. Sara, seine Frau, wird auf übernatürlich-natürliche Weise schwanger und bringt Isaak mit den Pausbäckchen zur Welt, genau wie Gott es verheißen hatte.

Grande Fiesta! Die ganze Nachbarschaft tanzt bis in die Puppen zu heißen Flötenklängen und vergorener Ziegenmilch in den Abram'schen Hütten. Hevenu Shalom, Isaaaaak!

Doch dann fordert Gott Abraham heraus, indem er seinen Sohn als lebendiges Opfer will. Uups, was geht ab, Alter!?!

Kann gut sein, dass du die Geschichte kennst und weißt, wie sie ausgeht, dass Gott am Ende nämlich nicht wirklich wollte, dass Abraham wie ein Metz-

ger seinen Sohn abschlachtet. Aber das weiß der gute alte Abraham in diesem Moment noch nicht. Er spült seine Ohren kurz gründlich durch. Doch-doch, er hatte Gott schon richtig verstanden. Ihn trifft fast der Schlag. Strsch!

Gott testet ihn. Und Abraham hätte sagen können: «Ja, aber Gott, habe ich nicht schon genug durchgemacht? Jetzt auch das noch?» Abraham hätte sich definitiv von Gott abwenden und sein Vertrauen ihm gegenüber in die Mülltonne treten können. Doch auch in dieser Situation bleibt Abraham cool und Gott treu. Ganz nach dem Motto: «Gott hat mir einen Sohn geschenkt, Gott darf ihn auch wieder nehmen.» Hut ab, Uncle Abe!

Das Interessante bei diesem Test Gottes ist, dass es hier in erster Linie nicht um den Sohn als Sohn, sondern um den Sohn als Erben geht. Verliert Abraham Isaak, ist der einzige Nachkomme mausetot und damit auch die Zusage Gottes, dass ein gewaltiges Volk von Abraham abstammen wird. Abraham ist sich dessen voll und ganz bewusst. Trotzdem vertraut er Gott; auch auf die Gefahr hin, seinen Sohn zu verlieren.

Warum? Weil er weiß, dass Gott einen Plan hat, auch wenn er noch so abgefahren ist. Gott ist der Masterchief mit dem Masterplan. Und hat alles im Griff. Gott wird zum Ziel kommen. Er schaukelt das Ding souverän nach Hause. Wenn Gott eine Zusage macht, dann erfüllt er sie auch. Das ist so sicher wie das Amen am Sabbat in Abrahams Zelt.

So macht Abraham sich auf, um seinen Sohn als lebendiges Opfer darzubringen. Gott verhindert das in letzter Sekunde. Stooooopp, alter Freund! Abraham fällt ein 700-Kilo-Brocken vom Herzen. Und dann erspähen seine Adleraugen im Dickicht stattdessen ein Opferlamm, das er anstelle seines eigenen Sohnes opfern kann. Abraham besteht die letzte Prüfung. Er wird der Urvater von Gottes Volk.

Nach Abraham liegt es an Isaak, den Segen Gottes und die Vision für ein ganzes Volk Gottes weiterzutragen. Und anschließend folgt Jakob, der Dritte in dieser Generationenkette. Jakob, ein Mann, der von Anfang an nach dem Segen Gottes strebt und alles gibt, um auch zu den glorreichen Stammesvätern zu zählen. Er ist nicht auf den B-Promi-Status scharf, nein, er will im gleichen Atemzug wie Abraham genannt werden. Und das hat der Schlingel auch geschafft. Herzliche Gratulation!

Und das, obwohl ihm als Zweitgeborenem eigentlich nichts von all dem zugestanden hätte. Doch er holt sich den begehrten Generationensegen und kann erleben, wie Gott seinen Namen in «Israel» ändert und durch ihn ein Volk in die Geschichte der Menschheit einbringt, das bis heute das Weltgeschehen massiv mitprägt, dessen Name bis heute nichts an Brisanz eingebüßt hat und in aller Munde ist.

1. MOSE 35,9–12: «[Gott segnete Jakob] und gab ihm einen neuen Namen. Er sagte: ‹Du sollst von jetzt an nicht mehr Jakob heißen, sondern Israel. Ich bin der Gott, der alle Macht hat. Ich segne dich, so dass deine Nachkommen sehr zahlreich werden. Sie sollen zu einem ganzen Volk, ja zu einem Verband von Völkern werden, und sogar Könige werden von dir abstammen. Dir und deinen Nachkommen gebe ich das Land, das ich Abraham und Isaak zugesprochen habe.›» (DGN)

Wie hat der Pfundskerl das nur hingekriegt? Das ist eine lange und crazy Geschichte. Der wir hier in diesem Buch auf den Grund gehen.

DIE ZWEI STIMMEN

Rebekka, die Mutter von Jakob, ist mit ihm und seinem Zwillingsbruder Esau schwanger. Schon bei der Geburt versucht Jakob sich vorzudrängeln. Ihm passt es nicht, dass Esau im Rennen um Platz eins in Front liegt. Deshalb heftet er sich kurzerhand im wahrsten Sinn des Wortes an die Ferse von Esau und versucht ihn noch zu überholen. Doch ein kräftiger Tritt Esaus in die Magengrube zerstört seine Hoffnungen. Jakob macht den Zweiten. Da sein Motto «Lieber tot als Zweiter» lautet und er unbändige Lebenslust hat, versucht er von nun an, an die Trophäe des Erstgeburtsrechts heranzukommen. Er ist heiß auf diesen Titel und den damit einhergehenden Segen.

Schon als die Kinder im Bauch ihrer Mutter sich um den Platz an der Sonne stritten und wild um sich strampelten, offenbarte Gott Rebekka, dass von diesen zwei Knaben einmal zwei verfeindete Völker abstammen würden.

1. MOSE 25,21–26: «Rebekka aber bekam keine Kinder. Deshalb betete Isaak zum Herrn, und der Herr erhörte seine Bitte. Rebekka empfing Zwillinge. Aber als die Kinder einander im Mutterleib stießen, sagte sie: ‹Warum muss es mir so elend gehen?› Sie fragte den Herrn, und er gab ihr die Antwort: ‹Zwei Völker trägst du jetzt in deinem Leib, und zwei Nationen gehen von dir aus. Die eine wird die andere unterwerfen: der Erstgeborene wird dem Zweiten dienen.› Als die Zeit der Entbindung kam, brachte Rebekka tatsächlich Zwillingsbrüder zur Welt. Der erste war am ganzen Körper mit rötlichen Haaren bedeckt; man nannte ihn Esau. Der zweite hielt seinen Bruder an der Ferse fest; darum nannte man ihn Jakob.» (DGN)

Sowohl Erstgeburtssegen wie auch Erstgeburtsrecht ergaunerte sich Schlawiner Jakob von seinem älteren Bruderherz Esau. Das eine mit einem bescheidenen Linsengericht, das andere mit einer List. Jakob will den Segen. Zu hundert Prozent. Er geht dafür nicht über Leichen, aber sonst über alles, was ihm da in die Quere kommt.

Und so wie es aussieht, steht er damit nicht mal im Unrecht, auch wenn seine Methoden auf den ersten Blick alles andere als fair rüberkommen.

Interessant ist, dass Gott noch vor der Geburt der Mutter sagt, wie es ausgehen wird. Noch bevor die Jungs zum ersten Mal die Mittelmeersonne erblicken, verheißt Gott ihr, dass die Brüder die Stellung wechseln werden. Jakob wird an die Stelle des Erstgeborenen treten.

Gott hat auch bei dir durch Jesus alles schon vorbereitet. Durch ihn kannst du jederzeit die Stellung wechseln und ganz vorne dabei sein. Er hat alles und alle besiegt und dich als Mitherrscher bestimmt. Er hat den perfekten Lauf deines Lebens geplant. Jetzt kommt es nur drauf an, was du selbst über die ganze Sache denkst.

Schon Mark Twain sagte:

«Das, was jemand von sich selbst denkt, bestimmt sein Schicksal.»

Gott hat einen sensationellen Plan. Gott hält eine ganze Schatzkiste voller Träume und Ideen für dein Leben bereit. Bei ihm findest du alles, was du brauchst, um ein erfolgreiches und reich gesegnetes Leben zu führen. Hörst du seine Stimme? Wie Jakob flüstert sie dir zu: «Gib dich nicht mit dem Mittelmaß zufrieden. Du kannst mehr. Du bist zu mehr berufen. Definitiv. Ich hab noch viel mehr für dich bereit.»

Jetzt liegt es an uns. Wir haben die Qual der Wahl. Denn wie bei Rebekka, die zwei unterschiedliche Kinder in sich trug, haben auch wir zwei Stimmen in uns. Die Stimme von Jakob, die uns immer wieder sagt: «Ich will alles erreichen, was Gott mit mir vorhat. Ich will den vollen Segen für mein Leben, ich will mein Potenzial entfalten und das Leben leben, zu dem Gott mich erschaffen hat.»

Doch da gibt es auch die Stimme Esaus. Esau pfiff für einen lausigen Teller lauwarmer Lümmellinsen auf sein Erstgeburtsrecht. Die Zukunft war ihm in diesem Moment egal. Das änderte sich erst, als er die Tragweite seines Handelns später erkannte. Aber die Stimme, die er oft hörte, war die Stimme der Gleichgültigkeit, der Perspektivlosigkeit und der Passivität.

Diese Stimme ist auch in uns omnipräsent: «Ich werde nie aus meinen Schulden herauskommen. Das Leben meint es nicht gut mit mir. Ich werde weder mein Idealgewicht erreichen noch meine Ziele verwirklichen können.

Ich arrangiere mich mit meinen Umständen. Es gibt keine Perspektive.»

Du hast immer wieder die Wahl, welcher Stimme du Glauben schenken willst. Leider entscheiden sich viele falsch und geben der Gemütlichkeit und der Faulheit Raum. Das ist zum Haareraufen. Und weil mich das so traurig macht, hab ich schon das eine oder andere verloren. Ich bitte dich inständig: Mach nicht denselben Fehler. Gib dich nicht mit dem besch... eidenen Mittelmaß zufrieden. Gott hat so unendlich viel mehr in dich hineingelegt, das nur darauf wartet, von dir gepflückt zu werden.

Mit neun Jahren sah John O'Leary, wie Kinder in der Nachbarschaft mit Feuer hantierten. Er dachte: «Das kann ich auch» – und verbrannte sich beim Spielen damit. Hundert Prozent seines Körpers waren verbrannt. 87 Prozent davon durch Verbrennungen dritten Grades, teilweise war sein Fleisch bis auf die Knochen zerstört.

Er hörte, wie eine Krankenschwester in der Klinik sagte: «Der hat keine Chance mehr!» Als seine Eltern ins Zimmer kamen, fragte er sie voller Angst, ob er sterben würde. Er hatte die Hoffnung, dass wenigstens seine Eltern ihn ermutigen würden. Doch stattdessen gaben sie ihm zur Antwort: «Hör gut zu, Liebling. Nimm die Hand von Jesus und geh diesen Weg mit ihm.»

Trotz aller negativen Voraussagen konnte er fünf Monate später, nach unzähligen Operationen, Amputationen und Therapien im Rollstuhl das Krankenhaus verlassen.

Normalerweise überlebt niemand derart schwerwiegende Verbrennungen. Doch Gott tat ein Wunder im Leben von John O'Leary. Ich bin überzeugt, dass dieses Wunder auch auf dem kindlichen Glauben von John basierte. Er sagt nämlich heute:

«Ich wusste, dass für Gott nichts unmöglich ist, und ich wusste, dass er bei mir ist. Auch die Liebe meiner Eltern, die mich jeden Tag besucht haben, hat mich in dieser Zeit getragen. Und wenn ich jetzt auf mein Leben schaue, bin ich Gott einfach nur dankbar. Ich habe eine wunderbare Ehefrau und vier tolle Kinder. Ich musste große Herausforderungen überwinden, um leben zu können, aber das hat mich zu dem gemacht, der ich heute bin.»[1]

John hat der Stimme, die ihm gesagt hat: «Gib auf, Junge. Das war's!», kein Gewicht beigemessen. Stattdessen drehte er den Volume-Knopf der anderen Stimme auf Anschlag. Der Stimme der Hoffnung, des Wunders und des Glaubens.

Gott sagt selbst in der Bibel:

JEREMIA 32,27: «Ich bin der HERR, der Gott über alle Menschen. Nichts ist für mich unmöglich!» (Hfa)

Gott fragt dich: «Gibt es irgendetwas, das zu groß, zu stark, zu gewaltig oder gar unmöglich für dich ist? Dann her damit – ich liebe Herausforderungen. Für mich ist nichts unmöglich!»

- Hast du wirklich das Gefühl, dass deine Träume für Gott zu groß sind, um sie wahr werden zu lassen?
- Denkst du wirklich, dass die Baustellen in deiner Ehe für Gott zu gewaltig sind, um sie zu reparieren?
- Bist du dir sicher, dass du den Rest deines Lebens in deiner Einsamkeit, deiner Behinderung oder deiner Sucht verharren musst, weil Gott dich nicht retten kann?

Nein, mein Freund! Für Gott ist kein Problem zu groß, keine Beziehung zu kaputt und kein Leben zu verlebt, um es nicht zu retten oder neu beleben zu können. Dafür stehe ich. Darum schreibe ich!

Öffne dich und entscheide dich für eine neue Vision für dein Leben. Entwickle eine komplett neue Haltung zu deinen Umständen. Beginne der Stimme Jakobs in dir mehr Beachtung zu schenken als der von Esau. Der bläst du am besten den Marsch, schickst sie in die Wüste und lässt sie sich verirren.

SEI MUTIG

Jeder Langzeitchrist kennt die Frage nach dem Willen Gottes für sein Leben. Klar, jeder von uns will das machen, was Gott von ihm verlangt. Doch wenn wir der Sache mal genauer auf den Grund gehen, ist die Frage nach dem Willen Gottes eine sehr defensive. Denn wenn mir nicht klar wie Kloßbrühe ist, was Gott will, mache ich lieber nichts. Sonst vergeig ich es möglicherweise.

In der Kirche reden wir gerne von den Sünden, die wir begehen. Dumm nur, dass wir dann nur 10 Prozent aller Sünden mal auf den Tisch bringen. Denn 90 Prozent aller Sünden betreffen Dinge, die wir nicht tun. Darüber sprechen wir nie. Dabei sind diese 90 Prozent der Sünden – also all die Dinge, die wir nicht tun, weil es in unserem christlichen Whirlpool so herrlich gemütlich ist – die viel schlimmeren Sünden. Wegen unserer Passivität bleibt die Welt, wie sie ist. Dabei hat Jesus uns klipp und klar verklickert, dass wir sie zum Guten verändern und mit seiner unendlichen Liebe füllen sollen! Au Backe!

Hier mein wichtigster Wunsch aus Kapitel 1: Mach lieber mal einen Fehler mit Überzeugung, als ängstlich auf der faulen Haut zu liegen.

Die Wahrheit ist ziemlich eindeutig: Unsere Träume können wir nur dann verwirklichen, wenn wir uns entscheiden, daraus zu erwachen.

Gehen wir nochmals zurück zu den Zwillingen Esau und Jakob. Esau, der Erstgeborene, war ein waschechter Jägertyp, er war oft draußen und genoss das Leben. Jakob hingegen verbrachte viel Zeit in der Küche bei Mutti, weil sie Hilfe brauchte und Gemeinschaft suchte.

Jakob schlief bei der Küchenarbeit aber regelmäßig das Gesicht ein. Er war nicht zufrieden mit seinem Leben. Er wollte mehr als Plätzchen backen und Möhren raffeln. Er gab sich nicht mit dem Mittelmaß zufrieden, er wollte raus, den Chefposten von seinem Vater erben und die Geschicke der ganzen Sippe lenken.

Deshalb ergaunerte er sich, wie oben erwähnt, bei seinem Bruder durch das ominöse Linsengericht das Erstgeburtsrecht. Später holte er die Truhe mit den Verkleidungssachen vom Speicher, verkleidete sich als Esau, setzte seine Stimme durch exzessives Schilfrohrrauchen eine Oktave tiefer und gab sich bei seinem halbblinden Vater Isaak als Esau aus.

Der Trick funktionierte. Jakob schnappte sich zusätzlich den sagenumwobenen Erstgeburtssegen, der eigentlich Esau zugestanden hätte. Esau wurde darüber so wütend, dass er mit dem Kopf mehrere Male gegen die Zeltstange stieß.

Du kannst dir vorstellen: Die Stimmung in der Familie war auf dem Nullpunkt. Die erste Eiszeit brach aus. Und die Pinguine vom Südpol machten zum ersten Mal Ferien im Nahen Osten.

Folgender Vers macht diese unglaubliche Geschichte noch viel unglaublicher:

RÖMER 9,13: «Jakob habe ich geliebt, aber Esau habe ich gehasst.» (LUT)

Was für eine harte Beschreibung! Warum hasst Gott Esau? Strange, very strange. Gut, Esau war verfressen, unvorsichtig und nicht sehr visionär, aber er war ja nicht derjenige, der das Erbrecht ertrickste. Jakob hingegen war der Lügner und Betrüger, der Lümmel aus der ersten Reihe, der Schlawiner mit den größten Schlitzen in den Ohren. Also, ich würde lieber mit Esau ein Feierabendbier kippen, als mit dem Muttersöhnchen Jakob Verkleiden spielen.

Nackte Tatsache ist: Gott liebte einen Lügner, der sich nach dem Segen Gottes sehnte und ihn in diesem Fall ergaunerte, mehr als einen, der sein Erstgeburtsrecht, den Segen Gottes, gegen ein armseliges Linsensüppchen eintauschte.

Der Punkt ist: Gott kann es nicht ausstehen, wenn du dein Potenzial einfach so achtlos zur Seite wirfst; wenn du deinen Segen, der dir zusteht, nicht ernst nimmst und das, was Gott mit dir vorhat, nicht voll auslebst. Da kriegt er glatt die Krise. Das kostet ihn den letzten Nerv. Da hört für ihn der Spaß auf!

Es ist eine fette Tatsache: Gott will etwas mit dir bewegen! Mit jedem Menschen! Und Esau war das schnuppe! Und das war der aller-aller-aller-größte Fehler seines ganzen Lebens! Mehr kann Gott dich nicht warnen.

Gott hat uns nie ein gemütliches, fehlerfreies und Easy-peasy-ich-chill-dann-mal-Leben versprochen. Und Gott weiß auch, dass wir Zeiten durchleben, in denen wir in Gefahr stehen, unseren Glauben an den Nagel zu hängen und das Abenteuer mit ihm aufzugeben. Doch Gott gibt uns nie auf. Er steht neben uns, ruft uns zu und ermutigt uns, die Ruder neu zu ergreifen. «Volle Fahrt voraus! Aye, aye, Käpt'n!»

ORT UND ZEIT

Dieser Satz hat sich durch alle Jahrhunderte in unzähligen Köpfen festgefressen:

«Ich bin die falsche Person am falschen Ort und zur falschen Zeit.»

Es gibt wohl keinen Satz, den Gott mehr verabscheut. Er ist die Mutter aller Lügensätze. Und deshalb setzt Gott alles dagegen und sagt dir heute, klar und deutlich, schwarz auf weiß:

«Du bist die richtige Person, du lebst zur richtigen Zeit und am richtigen Ort. Ich habe einen Plan für dein Leben. Heute, hier und jetzt!»

Um dies besser zu verstehen, wollen wir zusammen eine Begebenheit von Jakobs Vater anschauen.

1. MOSE 26,1–3: «Wieder einmal – wie schon zur Zeit Abrahams – kam eine Hungersnot über das Land. Deshalb zog Isaak nach Gerar zu Abimelech, dem König der Philister. Dort erschien ihm der Herr und sprach: ‹Geh nicht nach Ägypten. Wohne in dem Land, das ich dir zeige. Bleib hier in diesem Land und ich werde dir beistehen und dich segnen. Ich werde dir und deinen Nachkommen alle diese Länder geben. Ich werde meinen Eid erfüllen, den ich deinem Vater Abraham geschworen habe.›» (NLB)

Wieder einmal brach eine Hungersnot aus, und Gott sagte zu Isaak, Jakobs Vater: «Bleib, und ich werde dich segnen!» Gott sagt hier nichts anderes zu ihm als: «Du bist die richtige Person am richtigen Ort. Ich will dich dort, wo du jetzt bist, segnen! Bleib, wo du bist!»

Isaak beginnt sich mit dieser Situation zu arrangieren und versucht, das Beste daraus zu machen. Wir lesen:

1. MOSE 26,19–22: «Als die Knechte Isaaks im Tal gruben, stießen sie auf eine Quelle. Die Hirten von Gerar machten den Hirten Isaaks die Quelle streitig und erklärten: ‹Das Wasser gehört uns!› Deshalb nannte Isaak den Brunnen Esek (Streit). Seine Leute gruben einen weiteren Brunnen, und auch um den gab es Streit; deshalb nannte er ihn Sitna (Zank). Dann zog er von dort weg und grub an anderer Stelle einen Brunnen. Diesmal gab es keinen Streit. Da sagte Isaak: ‹Jetzt hat der Herr uns freien Raum gegeben; hier werden wir uns ausbreiten können.› Deshalb nannte er den Brunnen Rehobot (Weite).» (GNB)

Isaak gräbt drei Brunnen. Der erste Brunnen, den er gräbt, wird von ihm schon bald Esek genannt. Das bedeutet Streit. Denn sobald das Wasser fließt, kommen die Feinde, hängen ihre imposanten Brustpelze raus und markieren die Starken: «Hey, Isaak, der Brunnen gehört jetzt uns. Danke fürs Ausgraben, Kleiner, du kannst die Fliege machen.»

Isaak lässt sich nicht provozieren und sucht auch keinen Streit. Aus dem Alter ist er raus. Er lässt den andern ihre Freude, geht und gräbt einen zweiten Brunnen, den er bald darauf Sitna nennt. Denn das bedeutet Zank oder auch Anfeindung. Die Feinde krempeln die Hemdsärmel zum zweiten Mal hoch, machen auf noch dickere Hose und reißen überdurchschnittlich intelligente Wahnsinnssprüche: «Ach, du hast schon wieder Wasser gefunden. Du musst gesegnet sein.» Isaak überlässt ihnen auch diese Wasserstelle.

Er geht weiter und gräbt einen dritten Brunnen. Den nennt er Rechobot, «freier Raum». Als die Feinde sehen, dass Isaak trotz Anfeindung nicht davonrennt, meinen sie großmütig: «Da, nimm deinen Brunnen. Gott möge dich segnen!» Und sie sind es, die sich schlussendlich vom Acker machen.

Isaak, der alte Wadenbeißer, bleibt dran, gibt nicht auf und gräbt tapfer und fleißig wie der Maulwurf einen Brunnen nach dem anderen. Beim dritten findet er einen Platz des Segens.

Wenn wir nach der ersten Niederlage quittieren, hat unser Feind das Spiel schon gewonnen. Muahaha! Wenn du in Krisen in der Familie, in der Lehre, im Beruf, in der Ehe, in der Kirche, wo auch immer, aufgibst und davonrennst, wirst du nie den Ort deines Segens erreichen. Der Schlüssel, um an diesen herrlich erfrischenden Ort zu gelangen, ist:

Dranzubleiben. Und zwar an dem Ort, an den Gott dich hingestellt hat. Und dort mit seinen Wundern zu rechnen.

Gott will uns dort, wo wir sind und leben, zum Aufblühen bringen. Das Beispiel einer Pflanze, die durch den Asphalt hindurchstößt, erinnert mich daran, dass wir dazu berufen sind – egal, in welchem Umfeld wir gerade leben –, aufzublühen und die Welt durch unsere Gaben und unsere Aktionen schöner, fresher und fröhlicher zu machen.

Wenn da nur nicht die verflixte «Wenn-dann-Falle» wäre! So schnell machen wir Aussagen wie:

- «Ich habe genug von meiner Arbeit. Ich möchte schon lange einen besser bezahlten Job ausüben. Wenn ich nur einen andere Stelle hätte, dann wäre ich glücklich!»
- «Meine Kinder brauchen so viel Kraft und Energie von mir. Ich habe wirklich keine Freude mehr am Leben. Wenn sie doch nur ein bisschen älter und selbständiger wären, dann könnte ich mich auch wieder freuen.»
- «Meine Krankheit ist für mich eine riesige Bürde. Es ist mir unmöglich, zufrieden zu sein. Wenn ich nur gesund wäre, dann wäre alles viel besser.»
- «Mein Single-Dasein geht mir echt auf den Wecker. Hätte ich doch nur endlich meinen Partner fürs Leben gefunden, dann könnte ich aufblühen und mit meinem Leben einen Unterschied machen.»
- «Mein Ehepartner ist verblüht. Er ist weder inspirierend, noch ist unsere Ehe belebend. Wenn meine Ehe sich verändern würde, dann könnte ich wieder glücklich sein.»

Wir alle brauchen Träume, an denen wir uns festhalten können. Doch wenn unsere Träume von einem größeren Haus, einem besseren Job, einer Familie, einem Ehepartner, einer Heilung usw. zum Inhalt für unser «Glücklichsein» werden, dann ist Schicht im Schacht. Solche Aussagen wie die Beispiele oben manövrieren uns ins Abseits des Lebens, weil wir uns dadurch vom Moment und den Möglichkeiten, die das «Heute» bietet, verabschieden.

Paulus sagt in der Bibel:

PHILIPPER 4,11–12: «... denn ich habe gelernt, in jeder Lebenslage zufrieden zu sein. Ich weiß, was es heißt, sich einschränken zu müssen, und ich weiß, wie es ist, wenn alles im Überfluss zur Verfügung steht.» (NGÜ)

Paulus hat gelernt, in jeder Lage zufrieden und glücklich zu sein. Sein Daumen zeigte überdurchschnittlich oft nach oben. Was Paule kann, können wir schon lange! Wir können trainieren, uns zu entscheiden, dort, wo wir

sind, zufrieden zu sein und aufzublühen. Egal, was das Umfeld uns sagt, die Kraft Gottes ist in uns und hilft uns, das Beste aus jeder Situation herauszukitzeln. Los, Glück, komm raus, du bist umzingelt!

Willst du an dem Ort, wo du heute lebst, zu einer Inspiration werden? Dann sprich folgende Worte aus:

- «Gott, ich danke dir für meinen Job. Auch wenn er sehr herausfordernd ist, weiß ich, dass du meine Zukunft in deiner Hand hältst und nur mein Bestes suchst. Ich will heute mein Bestes geben und will meine Kollegen ermutigen, motivieren und durch mein Leben inspirieren.»
- «Gott, ich danke dir für meine süßen Kids. Jedes Mal, wenn sie wieder meine Nerven bis zum Letzten strapazieren, aus den süßen Kleinen wahre Rabauken werden und meine Liebe zu ihnen herausgefordert wird, sage ich: Heute wird meine Geduld trainiert und gestärkt, danke!»
- «Gott, ich danke dir für meinen Körper. Du bist mein Arzt und hältst Heilung und Befreiung für mich bereit. Ich danke dir, dass ich trotzdem heute durch meine Herausforderung ein Zeugnis der Zufriedenheit sein kann und in Zukunft ein Zeugnis deiner Heilungskraft sein werde.»
- «Gott, ich danke dir für meinen Ehepartner, den du für mich bereithältst. Ich will die Zeit nutzen, um an mir und meinem Charakter zu arbeiten. Täglich will ich in meinem Glauben wachsen. Danke, dass ich heute aufblühen kann an dem Ort, wo ich bin. Und danke, dass ich dadurch nur noch attraktiver und interessanter werde.»
- «Danke, Gott, für meinen Ehepartner und all die spannenden Herausforderungen, die wir zusammen haben. Ich freue mich auf alles, was wir erleben werden, und selbst wenn mein Ehepartner momentan stehen bleibt, ich entwickle mich weiter. Ich liebe ihn weiter, und irgendwann wird er mir folgen.»

Durch solche kraftvollen Gebete entscheiden wir uns, die Zeit, in der wir uns befinden, nicht nur zu überleben, sondern das Beste aus ihr herauszupressen.

Gott hat einen coolen Spruch vertont. Diesen Track lässt er sehr gerne immer mal wieder auf dem himmlischen Plattenspieler laufen. Die Lautstärke heute ist besonders hoch: «Nutze erst mal das, was ich dir gegeben habe. Gib dein Bestes in deinem Heute, im Hier und Jetzt. Und mein Freund: Hole das Maximum aus der jetzigen Situation raus. Dann werde ich dir Neues anvertrauen. Großes himmlisches Ehrenwort!»

«Nicht die Glücklichen sind dankbar. Es sind die Dankbaren, die glücklich sind.» *Francis Bacon*

RECHNE MIT GOTTES WUNDERN – HEUTE, HIER UND JETZT

Eine Veränderung, ein Wunder, eine Sehnsucht, die sich erfüllt, kann manchmal sehr schnell geschehen. Aber es kann sich auch sehr lange hinziehen. Du weißt nie, wann Gott dir den ersehnten Durchbruch schenken will. Es könnte morgen, in ein paar Tagen, Monaten oder auch erst in ein paar Jahren sein. Aber es könnte auch heute sein! Heute, hier und jetzt könntest du der Person deiner Träume begegnen, Heilung einer schweren Krankheit erfahren, den matchentscheidenden Telefonanruf bekommen oder die richtigen Leute kennen lernen.

Doch leider erleben viele Menschen die Wunder, nach denen sie sich sehnen, nicht, weil sie einen «Eines-Tages-Glauben» haben: Eines Tages werde ich frei sein; eines Tages wird Gott sicher ein Wunder tun; eines Tages könnte es sein, dass ich meine Schulden los bin; eines Tages ... einfach nicht heute.

Der «Eines-Tages-Glaube» spricht von der Zukunft, von etwas, das weit entfernt liegt. Sehr wahrscheinlich werden wir so das Wunder verpassen, weil wir erwarten, dass Gott es ja nicht heute, hier und jetzt tun wird, sondern erst eines Tages. Und wenn er es dann eines Tages tut, sehen wir es nicht, weil wir immer noch von der Zukunft sprechen.

Diese Haltung wurde auch den theologischen Gelehrten zur Zeit von Jesus zum Verhängnis. Sie lehrten die Menschen in komplizierten Phrasen über den zukünftigen Messias. Sie machten sich genaue Vorstellungen, wie er sein sollte. Sie lehrten so viel und bis in alle Nacht hinein, dass – je größer ihr Bild von ihm wurde – die Erfüllung der Verheißung nach und nach in die Zukunft abdriftete.

Auch uns können unsere fixen Vorstellungen, wie Gott das Wunder aussehen lassen und wie Gott unsere Gebete erhören müsste, im Weg stehen, je klarer sie werden. Gott möchte dann das Wunder tun, doch wir sagen: «Ähh, 'tschuldigung, Gott, das ist jetzt aber nicht so, wie ich es erwartet habe. Das ist zu einfach, zu schnell und definitiv zu früh! – Hmm..., in dem Fall kann das ja auch nicht von dir sein.»

Genau so ging es den Gelehrten. Sie erwarteten Jesus, aber nicht heute und nicht so. Gott sandte seinen Sohn, und genau die, die ihn am meisten erwarteten, sahen ihn nicht, wehrten sich gegen ihn und forderten schlussendlich die Römer auf, ihn ans Kreuz zu nageln. Nur weil sie einen «Eines-Tages-Glauben» hatten.

«Eines Tages, nur nicht heute» spricht von der Zukunft. Doch wir haben einen Gott der Gegenwart. Jesus sagt von sich selbst:

Ich bin das Brot des Lebens.
Ich bin das Licht für die Welt.
Ich bin der Weg, die Wahrheit und das Leben.
Ich bin.

Jesus sagt, wenn er über sich spricht, nie: «Ich werde sein.» Nein, seine Aussagen beziehen sich auf das Jetzt! Jesus sagt: «Heute, hier und jetzt kann ich das Wunder tun!»

Weiter fällt der Bibel-Spürnase auf, dass Jesus, als er nach vierzig Tagen aus der Wüste zurückkehrt, Vollgas gibt. Hmm, Jesus hat den Tod doch noch gar nicht besiegt? Warum tut er trotzdem schon Wunder? Warum vergibt er Sünden, heilt Menschen, holt Tote zurück ins Leben und wirft so alles über den Haufen, was chronologisch eigentlich hätte anders laufen sollen?

Hätte Jesus genauso gehandelt wie die Lehrer zu dieser Zeit, dann hätte er die Wunder erst nach dem am Kreuz und in der Auferstehung errungenen Sieg über den Tod und das Böse getan. Vorher wäre es angemessen gewesen, er hätte sich mit seinen Jungs zusammengesetzt, am Lagerfeuer gemütlich Marshmallows gebraten und mit ihnen darüber gesprochen, was Gott dann mal in ferner Zukunft tun wird, nachdem er von den Toten zurückkommt.

Er hätte auch eine feine Bibelschule gründen, jedem ein T-Shirt mit Aufdruck verteilen und die Schüler unterrichten können, was dann mal kommen wird.

Doch Jesus erzählte nicht viel über die Zukunft, sondern er lebte, handelte und tat seine Wunder. Jesus will dir heute begegnen, dich fördern, dich mit seiner Kreativität und Inspiration überraschen, dich mit seinem Segen und seiner Freude erfüllen.

2. KORINTHER 6,2: «Seht doch: Jetzt ist die Zeit der Gnade! Begreift doch: Heute ist der Tag der Rettung!» (NGÜ)

Heute könnte dein Tag sein.

Oh Mann, das Buch hat doch gerade erst angefangen, und ich hab schon so viel gelernt! Danke euch, Abraham, Isaak und Jakob!

zu mir

KAPITEL 2

Wir alle begegnen Situationen, die uns unmöglich erscheinen. Es ist einfach, entmutigt zu sein und aufzugeben. Doch in der Bibel lesen wir, dass Gott vor uns hergeht, um krumme Wege geradezubiegen. Es kann gut sein, dass du nicht über die richtigen Beziehungen verfügst, um deine Träume zu verwirklichen. Doch keine Sorge, Gott geht vor dir her, um dich mit den richtigen Menschen in Kontakt zu bringen. Freu dich drauf. Am besten pfeifst du schon mal: «Don't worry, be happy!»

Wie bei Jakob hat Gott schon im Voraus – noch als du in Mamas Bauch gemütlich vor dich hingedöst hast – alle deine Tage in sein Abenteuerbuch aufgeschrieben. Er weiß über jeden davon Bescheid. Über diejenigen, an denen alles klappt und du dich wie Jack in «Titanic» auf dem Bug als King of the World fühlst. Und über diejenigen, die gefüllt sind mit Enttäuschungen und herben Rückschlägen. Das Gute ist, er hat für jede Niederlage schon dein Comeback vorbereitet. Darin ist er Meister. Bestes Beispiel dafür ist seine Auferstehung von den Toten am Ostersonntagmorgen! Allen, die es mitgekriegt haben, blieb der Kiefer unten und die Spucke weg!

Bevor du mit einem Problem konfrontiert wirst, hält Gott die Lösung dafür schon bereit. Gott geht vor dir her, um das nächste Kapitel in deinem Leben vorzubereiten. Du kannst dich extrem glücklich schätzen.

Wenn du zum Beispiel gegen eine Krankheit ankämpfst, könnte deine Einstellung mit diesem Wissen folgendermaßen aussehen:

Der Arztbericht sieht nicht gut aus. Manche sagen sogar, dass ich mich mit meiner Krankheit abfinden muss. Doch ich habe noch einen anderen Bericht, und der sagt, dass ich einen Gott der Heilung auf meiner Seite habe. Man nennt ihn auch «THE DOC»! Er ist der wahre Gott in Weiß. Es könnte gut sein, dass Gott Heilung, Gesundheit und den Sieg über die Krankheit für mich bereithält. Wer weiß?

Mit Gott an unserer Seite haben wir immer Hoffnung. Egal, wie hoffnungslos dein Krankenbericht sein mag, wie groß deine Herausforderung ist oder wie aussichtslos deine Situation scheinen mag: Gott geht vor dir her und sucht dein Bestes. Dein Bestes muss nicht immer bedeuten, dass Gott alles zu hundert Prozent heilt, wiederherstellt oder zum Guten wendet, so wie du es dir vorstellst. Doch als Jesus-Anhänger bist du im seltenen und äußerst kostbaren Besitz der doppelten Hoffnung. Wenn die Heilung hier auf Erden nicht passiert, wirst du spätestens im Himmel kerngesund sein und wie ein junges Kalb über die Wiesen hüpfen. Den ganzen Tag.

Dass Gott dein Bestes sucht, bedeutet, dass du dank Gott Heilung, Wiederherstellung und ein Wunder um die Ecke für dich entdecken kannst – wie und wann Gott es plant. Wenn du dann später zurückblickst, staunst du nur noch über seine alles überragende Größe und Stärke. Diesmal bist

du es, der mit Kiefer und Spucke kämpft. Gott geht vor dir her und bereitet deinen Weg. Halte an ihm fest. Er kommt ans Ziel. Mit, trotz und wegen dir.

PSALM 18,33: «Gott allein gibt mir Kraft zum Kämpfen und ebnet mir meinen Weg.» (Hfa)

Davon konnte Jakob ein Lied singen. Auf seiner Glaubensreise durchfocht er alle sieben Jahre eine äußerst heikle Situation. Am Schluss begegnet er Gott höchstpersönlich. Er wird von ihm gesegnet und kriegt einen neuen Namen: Israel. Auf dieser Reise lernte Jakob nicht nur Gott besser kennen, sondern auch sich selbst.

Es geht bei Jakob wie auch bei dir darum, ein Ja zu dir selbst zu finden. Ein Ja zu deinen Sehnsüchten, deinen Nöten und Schwächen; ein Ja zu deinen Lebenswünschen, auch wenn sie manchmal egoistisch erscheinen. Schlussendlich auch ein Ja zu dem Lebensentwurf, den Gott für dich vorgesehen hat. Sobald du dieses Ja gefunden hast, kann Gott dir den vollen Segen geben.

Gott will keine Kopien, sondern Individuen segnen

Er segnet Originale, die er geschaffen hat. Handmade. Nicht in China, sondern in Heaven. Originale mit Ecken und Kanten. Darum ist Jakob uns so nah. Er hat definitiv Ecken und Kanten. Und manchmal auch einen an der Schüssel oder eben eine Ecke ab, wie es so schön heißt. Er ist ein Egoist auf der Suche nach mehr. Ein Mensch, getrieben von der heiligen Unruhe, sein volles Potenzial auszuschöpfen. Jakob der schräge, betrügerische und egoistische Held aus der Bibel, der öfters einen an der Waffel hat und von dem Gott doch trotzdem sagt: «Ich habe ihn geliebt.» Eine Geschichte, wie sie das Leben nicht besser hätte schreiben können.

Er ist ein Getriebener. Er will ums Verrecken diesen Segen. Dem jagt er über alle Berge, Täler und Flüsse nach. Koste es, was es wolle. Er erachtet ihn als den größten Schatz. Sein Bruder Esau jagte wilde Tiere. Jakob hingegen wurde zum Jäger des Segens. Mit tausendmal mehr Leidenschaft als Indiana Jones zu seinen besten Zeiten.

Doch was für Stationen durchläuft er, bis er am Ziel seines Lebens angekommen ist? Und wie verändert Gott einen der größten Egoisten, die je über die Erde liefen, zu einem biblischen Helden?

Diesen Fragen wollen wir auf den nächsten paar Seiten auf den Zahn fühlen und gleichzeitig herausfinden, was das für unser Leben bedeutet.

DIE 1. STATION: GOTT JA, ABER NUR SO, WIE ICH WILL

Heutzutage ist es sehr wichtig, was die anderen Leute über einen denken. Beispiel gefällig? Die Selfie-Kultur. Du machst ein Selfie, pimpst und photoshopst das Bild, bis sich die Balken biegen, lädst es auf alle vorhandenen sozialen Netzwerke, die das World Wide Web nur hergibt, und wartest ungeduldig darauf, bis es die ganze Menschheit liket. «Bitte, gebt mir ein bisschen Liebe da draußen!» Je mehr Likes du generierst, umso besser fühlst du dich. Bei Desinteresse gibt's was in die Fresse, nämlich Essen. Frustessen.

Das Wort Selfie ist wenigstens ehrlich. Beim Selfie geht es genau nur um mich. Es geht darum, dass ich gut dastehe, dass auf dem Bild meine Frisur perfekt sitzt und ich geil rüberkomme. Falls sich zufälligerweise noch andere Menschen mit aufs Bild geschlichen haben, ist das einfach nur ärgerlich. Gut, wenn sie weniger hübsch sind als ich, werten sie vielleicht meine Hotness noch auf. Hauptsache, mein Outfit bekommt die Likes. Ich bin so schön, ich bin so toll, ich bin der Anton aus Tirol. Shalalala!

Jakob war nicht aus Tirol, aber definitiv selfiegeil. Gut, er hatte noch kein Smartphone. Aber er hat sich bestimmt selbst gemalt und die Bilder rumgereicht. Auf jeden Fall: Er wollte den Segen, Gottes hundertprozentigen Zuspruch, nur für sich. Sein haariger hässlicher Bruder und sein Umfeld waren ihm piepegal. Koste es, was es wolle, Hauptsache, ich werde gesegnet!

An dieser Stelle sei mir eine kleine Zwischenfrage gegönnt: Was bedeutet Segen für dich? Heißt es, dass du erfolgreich wirst, wie Dagobert Duck Gold im Keller anhäufst, geheilt und gesund durchs Leben tanzt, über große Macht und Einfluss verfügst oder am Ende sogar wie Gustav Gans vom Glück verfolgt wirst?

Laut der Bibel handelt es sich bei all den Sachen um nette Nebeneffekte von Gottes Gunst und Güte in unserem Leben. Aber beim Segen Gottes geht es um so viel mehr. Darum, dass du erleben kannst, wie dein Leben verändert, belebt und echt wird. Gottes Segen will uns an den Ort führen, den Gott von Beginn an vorherbestimmt hat.

Doch Jakob denkt noch lange nicht so weit. Bei ihm geht es zuerst einmal nur darum, dass er nach seinen eigenen grandiosen Vorstellungen gesegnet wird. Wer braucht schon Gott, wenn es um Gottes Segen geht!?! Jakob weiß haargenau, wie der auszusehen hat. Gott, ich sag dir schon, wie!

Irgendwie kommt mir das alles bekannt vor.

«Gott, ich folge dir nach, ich glaube an dich, aber nur zu meinen Bedingungen!»

Ich sage schon Ja zu Gott. Es gibt da einfach noch die eine oder andere Sache. «Also, Gott, wenn du mir diesen Wunsch hier, den ich dir auch gerne schriftlich geben kann, erfüllst, das andere da schenkst (brauchst du es auch schriftlich?), dann bitte diese Tür öffnest und mir zusätzlich noch meine größte Sehnsucht stillst, dann sind wir im Geschäft. Dann folge ich dir gerne nach. Ohne Wenn und Aber. Okay?»

Jakob wollte den Segen. Zu seinen Bedingungen. Mit seinen Mitteln.

Jakobs Mutter Rebekka hört, wie ihr Mann Isaak im fortgeschrittenen Alter nach Esau, dem Bruder von Jakob, ruft. Er befiehlt ihm, hinaus aufs Feld zu gehen, einen leckeren Happen zu jagen, das Gejagte ihm anschließend mit viel Schmackes zuzubereiten und ihm dies anschließend happengerecht zu servieren, da er keine Lust zum Selberschneiden hat. Danach will er ihn segnen.

Die Mutter, deren Lieblingssohn Jakob ist, packt die Gelegenheit beim Schopf. Sie hat noch einen lecker gepökelten Hirsch im Vorratszelt, kocht ihn butterzart, schmeckt ihn mit Portwein ab und garniert den Braten mit Papas Lieblingskräutern. Gleichzeitig bekommt Muttersöhnchen Jakoby von ihr ein Umstyling. Sie bindet ihm Felle um Arme und Hals und verwandelt ihn in den massig behaarten Esau. Dann schickt sie ihn zu Isaak, damit Jakob den Segen abstauben kann. RTL-II-Soap-Stoff. Nur in echt.

Wie es von Gott vor der Geburt verheißen wurde, und Rebekka trägt ihren Teil dazu bei, damit Gottes Zusage wahr werden kann.

Isaak, der wegen fortgeschrittenen Alters so gut sah wie ein Adler, der zu lange in Richtung Sonne flog, ist unsicher. Trotz Jakobs schauspielerischem Talent und einer Kostümierung, die in Hollywood einen Oscar eingeheimst hätte, ist Isaak nur schwer zu überzeugen. Vielleicht hätte Jakob etwas mehr Zeit für die Stimmeninterpretation aufwenden müssen. Unsicher sagt Isaak zu Jakob:

1. MOSE 27,21: «Komm näher», forderte Isaak ihn auf, «ich will mich davon überzeugen, ob du wirklich mein Sohn Esau bist oder nicht!» (Hfa)

Doch der Braten schmeckte einfach zu gut. Nach einem langen, ausgedehnten Rülpser (zu Isaaks Zeit durchaus ein Zeichen von Zufriedenheit!) und diesem wohligen Gefühl im Magen segnet Isaak Jakob anstelle von Esau.

Wer bist du?

Mit den Fellen an seinen Armen versuchte Jakob, jemand zu sein, der er nicht war. Wie oft haben wir schon versucht, jemand zu sein, der wir nicht sind, nur um zu erleben, wie Gott uns segnet?

In den Anfängen von ICF Zürich vor zwanzig Jahren wollte ich unbedingt so sein wie Reinhard Bonnke.

Bonnke füllt ein Stadion nach dem anderen. Tausende von Menschen entscheiden sich bei jeder Veranstaltung für ein Leben mit Jesus Christus. Hunderte werden geheilt. Sichtbar. Sie stehen auf, verlassen den Rollstuhl oder schmeißen ihre Krücken weg.

Und da war ich. Ich startete eine neue Kirche. Wie hilfreich und genial wäre es doch, wenn Gott auch ein Hallenstadion nach dem anderen füllte. Tausende kämen täglich zum Glauben. Hunderte würden durch Gottes Superkräfte geheilt. Deshalb machte ich einen auf Reinhard Bonnke. Und da Bonnke laut schreiend predigt, schrie auch ich meine Zuschauer an, so laut ich konnte. Genauso laut, wie ich es bei Bonnke gehört hatte. Nur: im Unterschied zu Bonnke hatte ich 20 statt 200.000 Zuhörer.

Eines Tages hat dann mal einer zu mir gesagt: «Was schreist du uns die ganze Zeit so an? Wir sind Schweizer, und wir sind lieb zueinander. Und wir alle hier sind nicht scharf auf einen Tinnitus!»

«Okay», dachte ich, «Wilhelm Pahls find ich auch gut.» Ein deutscher Evangelist, der auch Stadien für Jesus füllte. Unterdessen ist er 81 und im wohlverdienten Ruhestand. Er fuhr jeweils mehr die sanfte Schiene. Mit säuselnder Stimme und viel Hauch lud er die Menschen unters Kreuz ein. Und so lullte ich am darauffolgenden Sonntag unsere Gottesdienstbesucher in Pahls'scher Manier ein.

Doch auch diese Predigtmethode stieß auf alles andere als Anklang: «Hey, Leo, warum machst du jetzt plötzlich auf Kaa aus dem Dschungelbuch? Willst du uns hypnotisieren, um uns die Kohle aus den Taschen zu holen?»

Mannomann. Irgendwie schien das alles nicht zu fruchten. Und so kam ich nicht um die Frage herum: Wer bin ich?

Ich wollte Stadien füllen wie Bonnke und Pahls. Doch dann zog ich wie Jakob Felle an und versuchte, jemand zu sein, der ich nicht war. Nur weil ich nicht zufrieden mit mir selbst war.

Wir haben eine Vision, was wir gerne erreichen möchten. Dann sehen wir diese großartige Person und denken: «Wenn ich so bin wie sie, dann könnte es klappen.» Auf diesem Weg versuchen wir den Segen selbst zu ergattern.

Seinen Vater konnte Jakob täuschen. Gott nicht. Das schafft niemand. Am Ende des Tages bleibt deshalb immer wieder diese eine Frage:

«Hast du ein Ja zu dir, und warst du heute du selbst?
Oder hast du versucht, jemand zu sein, der du gar nicht bist?»

Je länger wir versuchen, jemand anders zu sein, desto unglücklicher und unfreier werden wir. Denn wir sind auf der Flucht vor uns selbst. Und auf der Flucht zu sein, wird niemals Freude und Erfüllung bringen.

Jakobs Lüge hatte fatale Konsequenzen:

1. MOSE 27,41: «Esau hasste Jakob, weil dieser ihn betrogen hatte. Er nahm sich vor: ‹Schon bald wird man um meinen Vater trauern. Wenn er gestorben ist, dann bringe ich Jakob um!›» (Hfa)

Jakob war 21 Jahre lang auf der Flucht. 21 Jahre! Auf der Flucht! Vor Esau, vor sich selbst und vor dem Leben. 21 Jahre lang fand er keine Ruhe. 21 Jahre lang war er getrieben und unruhig. Er lebte ein Leben, für welches er ursprünglich nicht bestimmt war. Das ist eine krasse Warnung für dich und mich.

Und alles nur, weil Jakob lange nicht wusste, wer er war.

Wenn du entdeckst, wer du wirklich bist, kannst auch du erleben, wie du gesegnet wirst. Gott wird dir alles geben, was du zum Leben benötigst, sofern dein Vertrauen und deine Zuversicht auf ihn und seinen Zusagen bauen. Doch sobald falsche Sicherheiten, Menschen oder Wünsche zu deinem Fundament werden, wirst du früher oder später enttäuscht werden.

Ich beobachte hier und da Leute, die sich entmutigt, orientierungslos und ohne jede Hoffnung durch den Alltag ihres Lebens quälen. Sie sind vielleicht einmal gut gestartet, hatten prima Voraussetzungen und großartige Träume in ihrem Herzen. Sie wollten etwas bewegen und ihre Spuren hinterlassen. Doch nach etlichen Enttäuschungen verloren sie nach und nach das Feuer. Flasche leer. Die Reise war zu lang. Der Weg zu anstrengend. Und irgendwas ging unterwegs verloren.

Oftmals ist es das kindliche Vertrauen in Gott, das verloren geht. Diese tiefe Zusage im Herzen, die immer wieder flüstert, dass es schlussendlich gut kommt, dass Gott das Beste suchen wird und dass er das Ziel erreichen wird.

Eine junge Frau, Jane, verlor bei einem Unfall beide Beine. Klar, sie war verzweifelt und bestürzt. Eine Zeit lang dachte sie, sie hätte keinen Grund mehr zu leben. Sie sah nichts Gutes mehr in ihrer Zukunft. Doch dann erinnerte sie sich, wie kindlich sie früher Gott vertrauen konnte. Zaghaft sprach sie folgendes Gebet aus:

«Gott, selbst wenn ich dies durchstehen sollte, habe ich keine Pläne für die Zukunft und bin total überfordert, etwas Gutes in diesem Unfall zu sehen. Aber ich weiß, du hast einen Plan für mich, und der ist gut; so gut, dass er mir wieder Hoffnung und eine Perspektive für die Zukunft gibt.»[2]

Auch wenn du dich überfordert fühlst und nichts Gutes mehr in deiner Zukunft sehen kannst, möchte ich dich zu einem konkreten Gebet ermutigen. Bete wie Jane:

«Gott, ich weiß, du hast einen guten Plan mit meinem Leben. Du hast ein klares Ziel für mich vor deinen Augen. In meiner Zukunft werden bessere Tage kommen!»

Wenn wir im Glauben an ihm festhalten, wird er all die negativen Dinge in unserem Leben in seine starken Hände nehmen und sie in einen Sieg für uns verwandeln. Wenn das mal keine großartigen Neuigkeiten sind!

Hör auf zu denken, dass das Leben, deine Eltern, dein Chef, deine Ex-Frau oder dein Ex-Mann schuld daran sind, dass es dir nicht gut geht. Überwinde deine Verletzungen. Versuche lieber, Gottes Silberstreif am Horizont zu erspähen. Er wartet in der Prärie schon mit neuen Überraschungen auf dich. Die erste ist eine Kanne voll köstlichen Kaffees, den er auf dem offenen Feuer gebraut hat. Ja, er macht gerne Frühstück für seine Freunde. Davon kann Petrus am See Genezareth, auch See von Tiberias genannt, ein Liedchen singen.

Ich will hier nichts schönreden. Kein Schicksalsschlag ist leicht zu verkraften, keine Verletzung einfach so zu überwinden. Diese schweren Momente gehören zu uns. Alles Gute, aber auch alles Schlechte, das uns widerfährt, wird ein Teil unserer Geschichte werden. Aber wenn wir dort – in unserem Leid, in unserer Traurigkeit und unseren Verletzungen – stehen bleiben, werden wir bitter und verpassen neuen Segen, neue Freuden und neue Abenteuer.

Wir müssen der Trauer Raum geben, sie bewusst auch zulassen, doch irgendwann scheint die Sonne durch die dunklen Wolken, und wir sind herausgefordert, die Trauer, den Schuldigen, die Verletzung loszulassen und zu überwinden. Lass nicht zu, dass Bitterkeit Wurzeln schlagen kann in deinem Herzen.

- Egal, was du wünschst und nicht bekommst, überwinde es.
- Egal, was du alles erlebt hast und dir scheinbar die Berechtigung dazu gibt, dich hängen zu lassen, überwinde es.
- Egal, wie dein Umfeld aussieht und dich immer wieder versucht zu demotivieren und runterzuziehen, lass dir die Freude nicht rauben und überwinde es.

Denn Gott sieht dich, und er hat dich nicht vergessen. Er hatte weder einen schlechten Tag, als er dich schuf, noch hat er kein Interesse an dir. Du bist Gott wichtig.

DIE 2. STATION: GOTT JA, ABER MIT BEDINGUNGEN

Nach seinem Betrug hatte Jakob ein fettes Problem. Esau verfolgte ihn. Da hat er plötzlich realisiert: «Wenn ich jetzt nicht mein Leben ändere und ich nicht auf die Hilfe Gottes zählen kann, dann schaue ich die Radieschen schon sehr bald von unten an.»

Er war massiv unter Druck geraten und gröberem Stress ausgesetzt. Deshalb sprach er Gott sein Vertrauen aus. Oberflächlich zumindest. Jakob hatte weder eine Veränderung im Herzen durchgemacht, noch hatte er eine göttliche Erkenntnis in seinem Leben. Er war schlicht und einfach clever. Und so versuchte er einen Deal mit Gott zu machen. Einen Kuhhandel. Wir lesen:

1. MOSE 28,20–21: «Dann legte Jakob ein Gelübde ab: ‹Wenn der Herr mir beisteht und mich auf dieser Reise beschützt, wenn er mir genug Nahrung und Kleidung gibt und mich wieder heil zu meiner Familie zurückbringt, dann soll er mein Gott sein!›» (Hfa)

Jakob stellte Gott Bedingungen. «Ich folge dir nach und diene dir, aber nur, wenn du dich an bestimmte Spielregeln hältst.» Jakob setzt sogar noch einen drauf:

1. MOSE 28,22: «Hier an diesem Ort soll er verehrt und angebetet werden, bei dem Stein, den ich als Erinnerung an seine Zusage aufgestellt habe. Und von allem, was Gott mir schenkt, will ich ihm den zehnten Teil zurückgeben!» (Hfa)

«Wenn du, Gott, mir alles gibst, wonach ich gefragt habe, und sich alles erfüllt, dann werde ich dir den Zehnten davon geben.» Das Prinzip des Zehnten begegnet uns an mehreren Stellen in der Bibel.

Gott fordert uns dadurch auf, zehn Prozent von allen Einnahmen, die wir generieren, wieder an ihn zurückzugeben. In der heutigen Zeit können wir dieses Prinzip leben, indem wir zehn Prozent an unsere Kirche, zu der wir uns zählen, spenden. Somit stehen wir unter dem göttlichen Kreislauf des Segens.

Doch Jakob macht seinen Zehnten von Leistungen Gottes abhängig. Frechdachs! Er hat noch nicht kapiert, dass alles von Gott kommt.

Auch wir sind schnell in der Gefahr, wie Jakob zu kleinen Dealern zu verkommen: «Wenn du, Gott, mir dies und jenes gibst, dann lass ich den Zehnten rüberwachsen.» Doch der Deal funktioniert nicht. Warum? Gott ist noch nie am Spieltisch in Vegas gesehen worden. Er ist weder ein Gambler noch ein Geschäftsmann. Wir haben einen Gott, der unser Vertrauen sucht. Keine Verträge.

Und Menschen, die Gott vertrauen, machen Schritte im Glauben auf ihn zu. Weil sie wissen, ihr Vertrauen wird von Gott belohnt werden. Vielleicht nicht immer so, wie sie es sich vorstellen, aber so, wie es zum Abschnitt ihres Lebens am besten passt.

Ich bin jetzt ganz ehrlich. Es ist etwas vom Schwierigsten, auf solche Deals mit Gott zu verzichten. Wir geben zwar den Zehnten, dienen anderen Menschen, helfen in der Kirche mit und versuchen ein gutes christliches Leben zu leben, doch innerlich ist das alles an Bedingungen geknüpft. Wenn dann Gott unsere Wünsche und Vorstellungen nicht so erfüllt, wie wir es uns erhoffen, dann ist es gar nicht so einfach, die Sache mit Gott voll durchzuziehen.

- Sind wir trotzdem noch großzügig, auch wenn alles danach aussieht, als würde es keinen direkten Nutzen bringen?
- Zahlen wir weiterhin den Zehnten in unsere Kirche, auch wenn Gott mich im Gegenzug nicht mit einem Lottogewinn segnet?
- Gehe ich weiterhin treu in die Kirche, diene den Menschen, bleibe freundlich und suche die Nähe zu Gott, auch wenn alles gegen mich zu sein scheint?

Gerade in solchen Momenten wird unser Glaube auf die Probe gestellt. Und Gott lässt es zu, weil er nicht ein Gott ist, der sich auf einen Kuhhandel einlässt. Gott spaziert nicht über den Bazar von Jerusalem und sagt: «Du gibst mir das, und ich gebe dir dafür das.» Nee, so läuft das nicht. Wir beten einen Gott an, dem eh schon alles gehört und der sagt:

«Ich gebe dir, damit du etwas weitergeben kannst. Hey, und ich suche dein Bestes; nicht weil du mir etwas gibst oder es verdienst, sondern weil ich es will!»

DIE 3. STATION: GOTT, ICH GEBE MICH DIR HIN

Wir alle tragen manchmal Masken. Da gibt es die Maske des Sonntagschristen. Fettes Grinsen. Geiler Scheitel. Hände nach oben. Oh, halleluja! Dann hätten wir da die Maske am Arbeitsplatz. Krawatte sitzt. Seriöser Blick in die Runde. Tiefe Stimme. Zigarettchen in der Pause. Smalltalk. Wie wär es mit der Maske in der Schule? Auf dem Pausenhof schön cool schlendern. In der Stunde artig Aufmerksamkeit simulieren. Innerlich aber Schlaf von der Party am Wochenende nachholen.

Und da gibt es noch so viele andere Masken, die wir zu Hause als Ehemann, Ehefrau, Kind, Freund oder Freundin tragen ... und, und, und. Masken bewahren uns vor der Bloßstellung und schützen sensible Dinge tief in unserem Inneren. Doch selbst wenn die Masken uns vor peinlichen Situationen bewahren, kommen sie uns früher oder später in die Quere und verhindern, dass wir leben, wie Gott sich das für uns gedacht hat.

Genauso war es bei Jakob. Er trug die Maske des erfolgreichen Lebemanns, doch in seinem Inneren wusste er, dass er ein Betrüger und Lügner war.

Nach vielen Jahren auf der Flucht und im Ausland entscheidet er sich, in seine alte Heimat zu ziehen. Denn zu Hause ist es bekanntlich immer noch am schönsten. Er hatte Sehnsucht nach den sanften Hügeln von Israel, den saftigen Orangen und unvergleichlichen Sonnenaufgängen über dem Gebirge Gilead.

Wenn man älter wird, werden die Wurzeln wieder wichtiger. Das Problem ist nur: Wenn er nach Hause will, wird er auch Esau begegnen. Er war sich sicher, dass dieser kurzen Prozess mit ihm machen würde. Karate, Baby! Doch er hatte keine Lust mehr, Esau länger aus dem Weg zu gehen. Die Sache musste geklärt werden. Ein Fünkchen Hoffnung besaß er noch, vielleicht hatte ja auch hier die Zeit die Wunden geheilt.

Statt sich weiter auf die Flucht vor seinem Bruder zu machen, stellte er sich ihm und somit auch sich selbst.

Wir lesen:

1. MOSE 32,23–25: «Mitten in der Nacht stand Jakob auf und überquerte den Fluss Jabbok an einer seichten Stelle, zusammen mit seinen beiden Frauen, den beiden Mägden und den elf Kindern. Auch seinen Besitz brachte er auf die andere Seite. Nur er blieb noch allein zurück.» (Hfa)

Jakob kapitulierte vor Gott, vor sich selbst und seinen Masken. Interessant ist, dass er die ganze Rasselbande und seinen ganzen Besitz über den Fluss

schaufelte, selbst aber noch zurückblieb. Um diese kleine Begebenheit zu verstehen, wollen wir zusammen anschauen, was «Jabbok» bedeutet.

Jabbok heißt: ausleeren, entleeren oder auch ringen. Jakob hat sich nicht entleert, also übergeben. Gut, das vielleicht auch. Er war supernervös wegen des Treffens mit seinem Bruder. Doch viel mehr: Jakob hat sich von allem befreit. Von seiner Familie. Von seinem Besitz. Und von seinen Masken. Er sagte zu Gott: «Gott, hier bin ich. Ich habe nichts mehr. Vor dir steht ein einfacher Mann, der nichts mehr braucht als dich.»

Mach es wie Jakob. Lass heute alles los und lege deine Masken ab, dein ganzes Leben. So kann dich Gott auf eine ganz neue Weise segnen.

Vor vielen Jahren war ich in einer anderen Kirche am Predigen. Nach der Predigt war Rambazamba! Es war schön, Gott bei der Arbeit zuzusehen, während die ganze Gemeinde ihn wild und laut feierte.

Während dieser Anbetungszeit kam eine alte Frau auf mich zu und sagte: «Pastor Leo, ich möchte für Sie beten.» Ich dachte, alte Frau, neues Gebet – eine gute Kombi. Diese Ladys haben Autorität, nur schon durch ihr biblisch graues Haar.

So erteilte ich ihr die Erlaubnis. Sie begann zu beten und – oh ja – plötzlich schlug mich eine unsichtbare Macht zu Boden. Bämm! So fest, dass ich nicht mehr aufstehen konnte. Ich wollte wieder aufstehen, denn ich liege nicht wirklich gerne auf dem Boden, aber es ging einfach nicht. Mist. So blieb ich gezwungenermaßen liegen.

Das geisterfüllte Mütterchen beugte sich gnädigerweise über mich und ließ mir ausrichten: «Pastor Leo, ich habe eine Prophetie von Gott an Sie. Sie müssen die Pastoren in Ihrer Stadt und Ihrem Land wieder zusammenbringen und ein Netzwerk gründen.»

Und ich dachte: «Kommt nicht in die Tüte! Pastoren sind saukompliziert, machen einen auf schwierig und hören nicht auf mich. Ich habe ja keinen Master in Theologie. Und zudem trinken die nur Tee und kommen nicht auf ein Feierabendbier in die Kneipe nach dem Gebet!» Diese Gedanken versuchte ich ihr dann in klaren, etwas gekürzten, aber freundlichen Worten wiederzugeben.

Sie schaute mich nur an und lief davon.

Die ließ mich einfach liegen! Scheibenkleister. Wo sind wir nur hingekommen in unseren Kirchen! Da lag ich am Boden, inmitten einer Menschenmenge, die Gott am Zujubeln ist. Ich möchte aufstehen, kann aber nicht. Ich verpasse die ganze Sause. Das christliche Leben ist grausam, hart und gemein.

Mir blieb nichts anderes übrig, als an ihren Worten weiterzuknabbern. Pastoren sammeln, nein … oder warum nicht? Aber wie sollte das gehen?

Vergiss es. Ein Hin und Her, das sicher qualvolle dreißig Minuten dauerte.

Dann erschien das gefährliche Großmütterchen wieder. Sie schaute keck nach unten und fragte: «Na, Pastor Leo?»

Und ich gab mich geschlagen, sagte, dass ich es machen werde.

Und was sagte das Mütterchen? «Geht doch.»

Und so unerwartet, wie die Kraft kam, so plötzlich wich sie wieder von mir, und ich konnte aufstehen.

Ich wusste, jetzt habe ich zu tun. Ich fuhr nach Hause und begann damit, das Pastorengebet für die Stadt Zürich ins Leben zu rufen.

Heute, viele Jahre später, hat Gott mir Kontakte zu Pastoren auf der ganzen Welt gegeben und mir Hunderte von Türen zu X verschiedenen Denominationen geöffnet. Ich habe meinen Auftrag noch nicht zu Ende geführt, sondern befinde mich mittendrin.

Und angefangen hat alles mit dieser mutigen kleinen, aber feinen älteren Dame. Ich stand mit dem Rücken zur Wand. Ich hatte keine Wahl und musste mich stellen. Gott rief, und ich ließ meine Angst, meine Maske des Minderwerts und der Menschenfurcht los. Und so konnte Gott mich auf ein neues Level führen.

Ich kann Jakob sehr gut nachfühlen. Seine Begegnung mit seinem Bruder steht kurz bevor. Er steht mit dem Rücken zur Wand und hat die Wahl: Entweder Gott oder der Tod! Er stellte sich seinen Masken und war so fähig, Gottes Herrlichkeit in seinem Leben zu sehen.

Entdecke die Herrlichkeit Gottes in deinem Leben!

Wenn wir die Herrlichkeit Gottes in unserem Leben wiederentdecken wollen, müssen wir lernen, eine Maske nach der anderen abzulegen und echt zu werden. Wir müssen beginnen, authentisch zu leben und zu unseren Schwächen, Freuden, Ängsten und Leidenschaften zu stehen.

So ging es auch Zachäus, einem Mann aus dem Neuen Testament. Zachäus war ein Zöllner, der Jesus sehen wollte. Da er jedoch klein wie Harry war und Absätze noch nicht erfunden waren, brauchte er einen Baum, auf den er klettern konnte, um Jesus wirklich zu sehen.

Wir lesen, wie er einen Maulbeerfeigenbaum wählte. Die Dinger werden bis zu zwanzig Meter hoch und sind gut geeignet für den Holzbau. Das wusste schon König David im Alten Testament. Er hielt sich einen Gärtner, der sich nur um die Maulbeerfeigenbäume im königlichen Garten kümmerte. Gefällt mir. Sehr männlich! Andere Royals stellen Rosenzüchter ein. Gäääähn!

Der Maulbeerfeigenbaum steht für Selbstsicherheit und Stärke. Da Zachäus kleinwüchsig war, stellte dieser Baum eigentlich genau das Gegenteil von ihm dar. Zachäus kämpfte wohl oder übel mit einem großen Minderwertigkeitsgefühl und versuchte, dieses auszugleichen, indem er andere Menschen am Zollhaus abzockte. Kann ihm auch keiner verübeln, wenn er schon im Kindergarten immer nur den Zwerg bei der Aufführung von Schneewittchen spielen durfte. Der Frust muss raus.

Doch nun sitzt Zachy auf einem großen Baum, der Kraft und Stärke ausstrahlt, und wartet auf Jesus, von dem er schon viel gehört hat. Als Jesus am Baum vorbeischlendert, spricht er Zachäus an. Er fordert ihn auf, von diesem Baum herunterzukommen, denn er möchte zu Gast bei ihm sein.

Jesus müsste man sein. Da hat man Hunger und lädt sich einfach mal beim Nächstbesten ein, und sofort wird das beste Catering aufgefahren. Zachäus steigt nämlich eilends vom Baum herunter und lädt Jesus zu sich nach Hause ein. Dieses Treffen sollte sein Leben grundlegend verändern.

Was war der Schlüssel, damit sich Zachäus von einem minderwertigen in einen selbstsicheren Menschen verwandelte? Er ist darin zu finden, dass er von dem Baum, der für ihn Sicherheit und Stärke darstellte, herunterkletterte und Jesus so begegnete, wie er war: kleinwüchsig, minderwertig und unvollkommen. Zachäus zog wie Jakob seine Masken aus und begegnete Jesus mit unverhülltem Gesicht.

Wenn wir es schaffen, ehrlich zu uns selbst zu sein und zu unseren Ängsten, Versuchungen, Problemen und Fragen zu stehen, werden wir Jesus begegnen. Gott sucht nicht perfekte Menschen, sondern Menschen, die vor ihn treten, so wie sie sind; Menschen, die es nicht für nötig halten, Gott und ihrem Umfeld etwas vorzuspielen.

Unendlicher Segen

Jakob stellt sich seinem Bruder, und in diesem Moment sät er eine Saat über sein Leben hinaus.

Er überquert den Fluss und macht sich auf, Esau entgegenzugehen. Er ist nicht alleine, nein, er nimmt seine ganze Sippe mit. Wir lesen:

1. MOSE 33,1–3: «Da kam [Jakob] auch schon Esau mit seinen 400 Mann [entgegen]. Als Jakob ihn sah, stellte er die Kinder zu ihren Müttern. Er ließ die Nebenfrauen mit ihren Kindern vorangehen, dahinter kam Lea mit ihren Kindern und zum Schluss Rahel mit Josef. Er selbst ging an der Spitze des Zuges und warf sich siebenmal zu Boden, bis er zu seinem Bruder kam.» (DGN)

Großes Kino! Jakob bittet seinen Bruder vor all seinen Frauen und Kindern um Vergebung. Alle sehen und hören, wie ihr Vater früher einen großen Fehler gemacht hat und sich jetzt dafür entschuldigt. Und Happy End sei Dank: Sie erleben, wie Esau seinem Bruder vergibt.

Unter den Kindern wird in diesem Vers nur eines namentlich erwähnt: Josef. Damit will uns der Schreiber sagen, dass dieser entscheidende Moment im Leben von Jakob Spuren bei Josef hinterlassen hat. Jahre später wird Josef von seinen Brüdern verraten und als Sklave nach Ägypten verkauft.

Dank göttlichen Umständen steigt er vom Sklaven und Gefängnisinsassen zur rechten Hand vom Pharao auf. Oben an der Spitze der Karriereleiter angekommen, bitten ihn seine Brüder um Nahrung, da eine Hungersnot ihr Land überrascht. Jetzt wäre doch der Moment der Rache gekommen? Aber statt sich dieses Recht herauszunehmen, vergibt Josef seinen Brüdern.

Was wäre wohl passiert, wenn Josef nicht als kleiner Junge miterlebt hätte, wie sein Vater öffentlich seinen Fehler bekannte und wie ihm sein Bruder vergeben hat? Dieses Ereignis hinterließ eine Saat, die im Leben von Josef aufging und Frucht brachte. Er wurde befähigt, seinen Brüdern zu vergeben.

Dein und mein Leben zieht Kreise, oftmals viel weiter und größer, als wir uns im Moment vorstellen. Darum ermutige ich dich, in wichtigen Momenten und Entscheidungen deines Lebens nicht nur an dich und ans Jetzt zu denken, sondern auch daran, dass deine Tat positive oder negative Spuren für deine Nachkommen hinterlassen wird.

Esau vergibt Jakob, und das Leben geht weiter. Doch eine Station haben wir rotzfrech übersprungen. Nur deshalb, weil ich möchte, dass sie am Schluss dieses Kapitels steht und so haften bleibt.

Ich finde es spannend, dass die meisten Namen eine Bedeutung haben. Der Name sagt viel über die Identität, das Wesen und das Selbstbild einer Person aus.

Nehmen wir doch mal meinen Namen: Leo. Dieser Name geht zurück auf einen spätrömischen Beinamen. Er ist die Kurzform von Leonhard und Leopold. Bis heute trugen dreizehn Päpste den Namen Leo. Leonhard bedeutet «Löwe» (althochdeutsch «lewo») und «stark, hart, fest, entschlossen» (ahd. «harti»). Leopold «Volk, Leute» (ahd. «liut») und «kühn, mutig» (ahd. «bald»). Ich mag meinen Namen. Und er passt. Ich bin stark wie ein Löwe, und ich leite kühn ein kirchliches Volk. Noch freier übersetzt kannst du mich auch gerne «König der Löwen» nennen.

Doch zurück zu Jakob. Seine letzte Station auf der Reise zum Segen finden wir in folgender Begebenheit:

1. MOSE 32,25–29: «Da trat ihm ein Mann entgegen und kämpfte mit ihm bis zum Morgengrauen. Als der andere sah, dass sich Jakob nicht niederringen ließ, gab er ihm einen Schlag auf das Hüftgelenk, so dass es sich ausrenkte. Dann sagte er zu ihm: ‹Lass mich los; es wird schon Tag!› Aber Jakob erwiderte: ‹Ich lasse dich erst los, wenn du mich gesegnet hast.› – ‹Wie heißt du?›, fragte der andere, und als Jakob seinen Namen nannte, sagte er: ‹Du sollst von nun an nicht mehr Jakob heißen. Du hast mit Gott und mit Menschen gekämpft und hast gesiegt; darum wird man dich Israel nennen.›» (DGN)

Noch bevor Jakob seinem Bruder entgegentritt, kurz nachdem er sich am Fluss Jabbok «entleerte» und befreite und quasi seine Masken abzog, begegnet ihm ein Mann. Ein Wesen, das ihn zum Zweikampf herausfordert. Jakob lässt sich darauf ein und siegt schlussendlich, weil der Engel nicht mehr weiterkämpfen kann. Jakob fordert den Engel auf, ihn zu segnen, erst dann würde er ihn gehen lassen. Bevor der Engel Jakob segnet, stellt er eine spannende Frage:

«Wie ist dein Name?»

Der Engel, von dem man theologisch annimmt, dass es sich um Gott persönlich handelte, fragt ihn nach seinem Namen. Hallo? Gott, du kennst jeden Stern beim Namen. Da patzt du doch nicht ernsthaft bei Jakob, oder? Bei diesem Jakob, der aus dem Rahmen fällt. Den kennt doch jeder!

Doch diese Frage war weder rhetorisch, noch kam sie aus einer Unwissenheit heraus. Diese Frage hatte einen tieferen Sinn. Mit ihr musste Gott zuerst klarstellen, dass Jakob weiß, wer er ist. Ist er Jakob, der versucht, wie Esau zu sein? Jakob auf der Suche nach mehr Segen? Jakob auf der Flucht vor sich selbst? Oder ist er Jakob, der Lügner und Betrüger?

1. MOSE 32,28: «Er antwortete: Jakob.» (NLB)

Diese Frage hat Jakob nach 21 Jahren ruhelosen Lebens auf die Knie gebracht. Jakob kapituliert vor Gott und vor sich selbst: Ich bin Jakob, der Betrüger, der Egoist, der Machtmensch. Ich bin der, der 21 Jahre lang versucht hat, jemand zu sein, der er eigentlich nicht ist. Jakob, der Fersenhalter, der immer etwas nachgejagt ist.

Und genau hier, an diesem Punkt, wo er erkennt, wer er wirklich ist, kann Gott ihn segnen. Erst als Jakob das Ja zu sich, zu seinen Schwächen, seinen Ängsten und Problemen findet, öffnet Gott die Schleusen des Himmels über ihm, segnet ihn und ändert seinen Namen von Jakob in Israel. Israel, was so viel bedeutet wie:

«Gott kämpft für dich!»

Gott will auch für dich kämpfen, dich segnen und das Beste aus deinem Leben herausholen, wenn du erkennst und anerkennst, wer du bist.

Wer bist du?

- Ich bin der ängstliche Chef, der sich hinter einer Maske von Selbstsicherheit und Arroganz versteckt.
- Ich bin der brave Mann, der mit einer gewaltigen Pornographiesucht kämpft.
- Ich bin die immer glückliche Mutter, in deren Herzen es zappenduster ist.
- Ich bin der Klassenclown, der mit einem großen Minderwertigkeitsgefühl kämpft und sich vor Ablehnung und Ausgrenzung fürchtet.
- Ich bin die ruhige Frau, die tiefe Verletzungen in ihrem Herzen mit sich trägt.

Wer bist du?

Die Ursache vom Schmerz, den viele Menschen in sich tragen, ist die Tatsache, dass sie nicht wissen, wer sie wirklich sind. Tief in ihrem Wesen schreit die Stimme des Menschen, der sie eigentlich sind. Doch statt auf ihn zu hören, leben sie das Leben eines anderen. So wie Jakob es 21 Jahre lang tat.

Doch Gott will für uns kämpfen. Gott ist für uns und sucht immer wieder unser Bestes. Wenn wir das wahre Meisterwerk in uns entdecken und uns wieder wertvoll und angenommen fühlen wollen, müssen wir zu dem Menschen werden, der wir wirklich sind.

- Erst als Jakob die Frage des Engels beantwortet, segnet dieser ihn.
- Erst als Jakob erkennt, wer er wirklich ist: Jakob, der Zweitgeborene, Jakob, das Muttersöhnchen, Jakob, der Koch, Jakob, wertvoll geschaffen, erst jetzt segnet Gott ihn.
- Erst jetzt, auf den Knien, seelisch nackt und ungeschützt vor Gott, segnet dieser ihn.

Und als Zeichen dafür wird sein Name verändert. Ab jetzt kämpft Gott für ihn! Wow!

Gott will auch für dich kämpfen. Kapituliere vor ihm, und Gott wird deine Geschichte neu schreiben und dich zurück auf den Weg des Segens führen.

richtig *ent-scheiden*

KAPITEL 3

Viele Menschen fürchten sich davor, Entscheidungen zu treffen. Es ist einfacher, nichts zu tun, statt das Falsche. Doch wo wären wir heute, wenn Menschen nicht ihren Hintern hoch- und die Zähne auseinandergekriegt hätten?

- Hätte Martin Luther King nicht den Mut gehabt, sich für seine Brüder und Schwestern einzusetzen, würde man in Amerika immer noch getrennt die Toilette besuchen, getrennt in Restaurants essen und zwischen Schwarzen und Weißen unterscheiden.
- Hätten die Brüder Wright sich hinter der Ausrede «Es hat keinen Sinn. Komm, wir geben auf!» versteckt und resigniert, würden wir heute immer noch mit dem Schlauchboot in die Ferien nach Florida fahren. Diese zwei Jungs haben eine halbe Ewigkeit versucht, ein Flugzeug in die Luft zu bringen. Tollkühne Flugversuche endeten im Misthaufen des Nachbarn. Erst nach zehn Jahren hebt am 17. Dezember 1903 ihr Doppeldecker «Kitty Hawk Flyer» ab und meistert einen Rundflug mit anschließender erfolgreicher Landung. Happy Landing!
- Oder wäs wäre, wenn Henry Ford nicht den Mut gehabt hätte, sich gegen die Pferdelobby von ganz Amerika zu stellen und zu versuchen, die Fließbandproduktion von Autos zu entwickeln? Alle Pferde hätten einen krummen Rücken und litten am Burnout-Syndrom.

All diese Männer waren Kaltduscher mit Chuck-Norris-Attitüde und hatten den Mut, Entscheidungen zu fällen. Und so haben sie die Weltgeschichte geprägt und längerfristig verändert. Sie hatten auch den Mut, Fehler zu machen, im wahrsten Sinne des Wortes abzustürzen und es trotzdem noch mal zu versuchen.

Warum ist es so wichtig, dass wir lernen, mutig immer wieder Entscheidungen zu treffen?

Weil wir schwanger sind. Schwanger mit Ideen, die verwirklicht werden wollen. Schwanger mit Träumen, die ausgelebt werden wollen. Schwanger mit Gaben, die genutzt werden wollen. Auch wenn wir vielleicht noch nichts sehen, sind wir bereits schwanger und tragen all diese Möglichkeiten in und mit uns. Hie und da kickt dich der Traum, die Möglichkeit, das Wunder. Es sagt zu dir: «Schon bald komme ich zur Welt. Schon bald werde ich dich überraschen und dein Leben bereichern. Bist du bereit für mich?»

Das wird auch bei Abraham und seiner Frau Sara, den Großeltern von Jakob, ersichtlich. Die beiden wurden von Gott gerufen, ihre Zelte in der Heimat abzubrechen, die Gartenzwerge einzupacken und sich auf einem neuen Flecken Erde niederzulassen. In a land, far, far away! Ohne Navi machen sie sich auf ins Ungewisse.

Noch auf dieser Reise verspricht Gott ihnen Babys am Laufmeter, Nachwuchs so zahlreich wie der Sand am Meer oder die Sterne am Himmel. Eine hoffnungsvolle Zusage. Doch das Ganze hat einen Haken. Einen ziemlich fetten:

Denn weder haben sie Kinder, noch ist Sara mit ihren siebzig Jahren im gebärfreudigen Alterssegment. Und Abraham ist unterdessen auch in biblischem Alter, in dem er für das Stündchen im Zelt Viagra genommen hätte, wäre es schon auf dem Markt gewesen. Gut, vielleicht schwor er auf vergorene Ziegenmilch oder was immer die Potenz zur damaligen Zeit förderte. Bestimmt hatte auch er seine Tricks.

Fakt ist: Sie sind beide fast so alt wie Schildkröten auf den Galapagos, und für Sara ist die Möglichkeit, noch ein Kind zu bekommen, so groß wie eine Männerskiabfahrt auf den Bahamas. Doch da besucht sie ein Engel des Herrn, und der sagt Folgendes zu ihnen:

1. MOSE 18,10: «Nächstes Jahr um diese Zeit komme ich wieder zu dir, dann wird deine Frau einen Sohn haben.» (GNB)

Gott hat durch diese Aussage ein Versprechen in sie hineingelegt. Und tatsächlich: Sara wird kurz darauf schwanger. Verrückt!

Genauso hat Gott auch in dich Verheißungen als Saat gelegt, Versprechen, welche er wahr werden lassen will. Egal, wie alt oder jung du bist, es ist nicht zu spät, zu erleben, wie deine Wünsche wahr und deine Träume gelebt werden. Wunder geschehen. Das hat schon Nena gesungen. Die ist unterdessen auch alt. Und sie hat recht.

Leute: Wir sind schwanger! Wir dienen einem Gott mit übernatürlichen Kräften. Und die setzt er ganz natürlich ein. Was auch immer Gott als Saat in dich hineingelegt hat – sei es ein unmögliches Projekt, eine Ehe, erste Schritte als Familie, den Mumm aufzubringen, jemanden zum ersten Date einzuladen oder etwas mutig anzupacken –, er wird es mit dir zum Erfolg bringen.

2. THESSALONICHER 1,11: «Alles, was ihr im Glauben begonnen habt, sollt ihr durch Gottes Kraft auch vollenden.» (Hfa)

Um den Durchbruch zu erleben, müssen wir allerdings lernen, Entscheidungen zu treffen und Schritte nach vorne zu gehen. So trimmen wir uns für den Segen fit.

Im normalen Leben ist es schwierig, auf den Tag genau vorherzusagen, wann ein Baby zur Welt kommen wird. Es gibt jedoch ein klares Zeichen, dass es bald so weit ist, wenn nämlich die Mutti von einer inneren Unruhe getrieben wird und sie es plötzlich eilig hat, alles fertig zu kriegen. Das Kinderzimmer ist rosa oder blau gestrichen, das Bett von IKEA unter Benutzung des einen oder anderen Schimpfworts zusammengeschraubt, der Off-Road-Kinderwagen steht vor dem Haus in den Startlöchern, und die Babyschale wartet im Flur auf den ersten Einsatz.

Es gibt wohl kaum ein Paar auf dieser Welt, das sich ein Kind wünscht, schwanger wird und dann einfach mal den Moment der Geburt abwartet, ohne ein einziges Buch gelesen oder ohne den Geburtsvorbereitungskurs besucht zu haben, ohne ein Zimmer eingerichtet zu haben und auf inspirierenden Einkaufstouren im Babyladen gewesen zu sein. Nein, nichts wird dem Zufall überlassen. Es wird sogar geübt, richtig zu atmen und wie Mann anständig Hand halten kann, wenn es dann losgeht. Das volle Programm!

Jedes Paar bereitet sich bestmöglich auf die Geburt und den zukünftigen Wonneproppen vor.

Genauso sollten wir es auch im geistlichen Bereich mit den Zusagen, die Gott uns gegeben hat, anstellen.

- Hast du den Traum, mal ein Haus zu bauen? Dann beginne schon heute damit. Lauf zum Kiosk, schnapp dir ein Handwerker-Magazin, studiere es auf dem Häuschen, und dreh schon mal ein paar Schrauben in ein Brett. Mach dich fit.
- Hast du den Traum, mal zu heiraten? Dann investiere in dich selbst. Trainiere deinen Charakter, besuche einen Knigge-Kurs, dreh ein paar Runden auf der Finnenbahn im Wald und werde zu dem Menschen, den du selbst gerne heiraten möchtest.
- Hast du den Traum, ein Buch zu schreiben? Dann beginne und schreibe kleine Kolumnen für Zeitschriften. Will sie niemand haben? Kein Problem. Eröffne einen Blog. Auf dem weltweiten Web wird sich bestimmt jemand dafür interessieren.

Trainiere und warte nicht mehr darauf, dass sich endlich die Umstände ändern. Präge du deine Umstände, indem du für das Wunder bereit wirst, welches Gott in dir wachsen lässt und zur Welt bringen will.

OFFENBARUNG 16,15: «Nur wer wach bleibt und bereit ist, darf sich an diesem Tag glücklich schätzen.» (Hfa)

Jakob hat schon im Bauch seiner Mutter die Zusage Gottes, dass er den älteren Bruder mal locker flockig überholen wird und dessen Segen abstaubt. Jakob kommt zur Welt und schiebt nicht erst mal eine chillige Kugel. Nein. Der Junge traut sich was. Er unternimmt was. Wann immer sich eine Gelegenheit bietet, seinen Bruder zu überholen und ihn um den Segen zu bringen, nutzt er sie.

Klar, wir können hier den Einwand anbringen, dass Jakob ja wie gedruckt gelogen und betrogen hat, um sein Ziel zu erreichen. Sicher nicht nur die feine englische Art und auch nicht die Optimalvariante. ABER. Cheaty Jakob bleibt immerhin nicht stehen wie eine vollgestopfte Alpenkuh nach üppiger Mahlzeit. Er nahm die Verheißungen ernst.

Esau hingegen war es egal. Egal, was Gott ihm zugesprochen hatte. Es kümmerte ihn einen Feuchten, mit seinem Leben Spuren zu hinterlassen und irgendetwas auch nur einen Millimeter zu bewegen. Er hatte keinen Drang, etwas zu erreichen, und setzte seinen bequemen Hintern in den gemütlichen Sessel des Mittelmaßes. Wenn er Hunger hatte, schoss er sich seinen nächsten Burger, aß ihn, rülpste und legte sich aufs Ohr. Das war's dann auch schon. Hauptsache, er hatte genügend Futter und einen Schlafplatz. Die Bedürfnisse eines Babys. Darüber kam er nie hinaus.

Esau steht hier für viele Menschen. Menschen, die zu sich selbst sagen: «Lieber nichts tun als das Falsche.» Und somit bleiben sie stehen und verpassen den freshen göttlichen Segen für ihr Leben. Den Fehler solltest du nicht machen. Und darum lernen, Entscheidungen zu treffen. So wie es Jakob tat. Denn in der Geschichte Jakobs sehen wir, dass Gott trotz seiner Fehler, seines Betrugs und seines Egos mit ihm zum Ziel kommt. Gott verändert den Lauf seiner Geschichte und gibt ihm nach 21 Jahren des Suchens und Wurstelns höchstpersönlich einen neuen Namen. Er nennt ihn: «Israel – Gott kämpft für mich!»

Seit gut zwanzig Jahren bin ich wie die Blues Brothers im Namen des Herrn unterwegs und habe mein Leben der Aufgabe verschrieben, eine Kirche für Menschen zu bauen, die keinen Bock auf Kirche haben. Eine Kirche am Puls der Zeit, gefüllt mit Gottes Liebe und Energie. Eine Kirche, die Menschen verändert und sie in allen Facetten ihres Lebens aufblühen lässt. Eine Kirche, in der wir überzeugt sind, dass für Gott nichts unmöglich ist. Seit zwei verrückten Jahrzehnten lebe ich nun dieses Abenteuer, und so konnten wir kürzlich unser zwanzigjähriges Jubiläum feiern.

Wenn du zwanzig Jahre in derselben Firma arbeitest, bist du heutzutage ein Exot. Zwanzig Jahre, das ist eine halbe Ewigkeit. Und ich habe mich dabei ertappt, wie ich mich fragte, was ich in den nächsten zwanzig Jahren tun will. Noch was Neues suchen? Mich mal auf dem christlichen oder sogar säkularen Arbeitsmarkt umsehen? Etwas ganz anderes tun? Barkeeper auf Mallorca? Bibelschmuggler in China? Mich für die Mars-Expedition bewerben? Oder einfacher – das neue Gesicht vom Mars-Schokoriegel werden?

Was will ich? Diese Frage beschäftigte mich in den darauffolgenden Sommerferien. Ganz offen und ehrlich – auch mit dem Risiko zur totalen Veränderung. Je länger ich mit Gott zusammen über diese Frage nachdachte, kristallisierte sich eine deutliche Antwort heraus. Nach den Ferien wusste ich, wo der Haken hängt, der Bartli den Most herholt, und was zu tun ist.

Ich habe mich entschieden, die nächsten zwanzig Jahre für fünf Punkte zu leben. Und – Trommelwirbel – hier sind sie:

1. Ich will Jesus lieben. Ich will weiterhin alles geben, um Jesus leidenschaftlich nachzufolgen, ihn zu ehren und zu tun, was er mir aufträgt. Ich gebe Jesus somit auch die nächsten zwanzig Jahre meines Lebens. Volle Möhre!
2. Ich will meine Familie lieben. Ich habe mich entschieden, weiterhin Vollgas für meine Frau und meine Kinder zu geben. Ich will die besten Ferien und Feste planen, so dass es, auch wenn meine Kinder älter sind, für sie ein Highlight ist, nach Hause zu kommen.
3. Ich will meine Kirche lieben. Ich gebe weiterhin mein Bestes für das ICF Zürich. Die nächsten zwanzig Jahre gehören meiner Kirche. ICF bleibt mein Arbeitgeber und mein Ort, den Gott gebrauchen kann, um mich zu trainieren, zu verbessern und meine Gaben weiterzubringen.
4. Ich will das ICF Movement lieben. Ich werde alles daransetzen, den Traum, den Gott uns gegeben hat, in ganz Europa Kirchen am Puls der Zeit zu gründen, wahr werden zu lassen.

5. Ich will tun, was Gott vor meine Füße legt. Ich will ein Leben leben, das aktiv ist und sichtbare Spuren hinterlässt. Statt jahrelang darauf zu warten und mich zu fragen, was Gott wohl mit mir tun will, will ich weiterhin einfach das tun, was er vor mir ausbreitet. Das wird mich Schritt für Schritt weiterbringen, und ich werde auch in den nächsten zwanzig Jahren erleben, wie Gott seine Geschichte mit mir, meiner Familie, unserer Kirche und dem Movement schreiben wird.

Gott hat auch für dich vieles vorbereitet, das er durch dich wahr werden lassen und zur Welt bringen will.

Wage etwas, auch wenn du nicht sicher bist

Jakob hat alles falsch gemacht, was er falsch machen konnte. Er log, betrog und kümmerte sich in keinster Weise um sein Umfeld. Doch trotz aller Unzulänglichkeiten kam Gott mit ihm ans Ziel und veränderte ihn, inklusive neuem Namen, wie weiter oben schon erwähnt.

Später lesen wir in der Bibel, wie Mose Superstar eine Begegnung mit Gott hat. In dieser Begegnung stellt sich Gott folgendermaßen vor:

2. MOSE 3,15: «Sag ihnen: ‹Der Herr, der Gott eurer Vorfahren – der Gott Abrahams, der Gott Isaaks und der Gott Jakobs – hat mich zu euch gesandt.› Das ist mein Name für alle Zeiten; alle kommenden Generationen sollen mich so nennen.» (NLB)

Hmm, theologisch korrekt müsste Gott doch eigentlich sagen: «Ich bin der Gott Abrahams, der Gott Isaaks und der Gott Israels.» Jakob bekam doch einen neuen Namen. Hat Gott das schon wieder vergessen? Nee, lieber theologischer Sportsfreund und Fehlersucher. Gott benutzt ganz bewusst hier den Namen Jakob und sagt so:

«Ich bin der Gott Abrahams. Abraham steht für den Glauben. Ich bin der Gott Isaaks. Er steht für Gehorsam. Und ich bin auch der Gott Jakobs, des Lügners und Betrügers.»

Gott sagt damit: Wenn ich mit Jakob zum Ziel komme, dann auch mit jedem Einzelnen der kommenden Generationen, trotz ihrer Fehler, trotz ihrer Lügen, ihrer Masken und Begrenzungen.

Gott hat mit unseren Schattenseiten keine Probleme. Denkste! Was Gott aber offensichtlich mächtig auf den Senkel geht, ist, wenn wir unser Potenzial verspielen und aufgehört haben, mutige Schritte zu gehen.

Ich möchte dir auf den kommenden Seiten zwei Grundlagen liefern, die dir helfen, bestmögliche Entscheidungen zu fällen. Wenn das mal kein Grund ist, weiterzulesen. Nachttischlampe, es tut mir leid, du musst weiterbrennen!

ENTSCHEIDE EHRLICH

Sei ehrlich zu dir selbst. Dass das manchmal sehr schwierig ist, erlebte ich vor Kurzem, als ich mit meiner Frau im TV Menschen auf christlicher Basis beriet. Da rief ein Mann an und beklagte sich darüber, dass er seit ein paar Tagen sehr starke Albträume hatte und nicht mehr schlafen konnte. Ich fragte ihn, ob es dafür einen Grund gäbe.

Seine Antwort: «Also, Herr Bigger, ich denke nicht. Ich trinke zwar pro Tag zwölf Flaschen Bier, aber ich denke, das ist es nicht. Ich habe zwar Kollegen, die mich stressen, weil sie mir sagen, ich hätte ein Alkoholproblem – aber zwölf Flaschen sind doch kein Problem!»

Ich staunte, mit welcher Selbstverständlichkeit dieser Mann seine Alkoholsucht abtat und die Tatsache der zwölf Flaschen einfach so ignorierte. Aber zugleich erinnerte es mich auch an mich selbst. Ich neige auch dazu, mich selbst zu belügen. Und zwar, wenn es um Ernährung geht.

Ich habe nämlich einen Jo-Jo-Körper. An Weihnachten und anderen Festtagen, wenn üppige Mahlzeiten darauf warten, lustvoll verzehrt zu werden, nehme ich sehr schnell sehr viel zu, und demgegenüber kann ich durch asketisches Verhalten sehr schnell auch wieder sehr viel abnehmen. Dann hau ich mir nur noch Gemüse und Früchte rein und mache einen großen Bogen um alles, was essenstechnisch Spaß macht. Man nennt mich dann auch Francesco Leo von Assisi.

Ich muss dazu ehrlicherweise sagen, dass ich die Francesco-Phasen meistens nur einschalte, weil meine Frau mich mit ihrem gesunden Lebenswandel dazu bewegt. Doch in diesen Phasen gibt es ein klitzekleines Problem.

Es hat einen Namen: «Crème brûlée». Irgendwie verliere ich bei diesem Dessert jeglichen Bezug zur Realität. Es zieht mich in seinen Bann. Ich bin ihm verfallen. Hilflos. Jedes Mal, wenn ich ein solch göttliches Dessert rieche – in der Franz-von-Assisi-Phase notabene –, sehe ich nur die zwei Früchte, die links und rechts als Dekoration dienen, und dann sage ich: «Das ist ja ein halber Fruchtsalat mit ein bisschen Crème, kein Problem, das kann ich gut essen.» Und dann blende ich alle Vernunft und Logik aus und hau mir die Crème brûlée voller Gier, Lust und Hochgenuss rein. Mon Dieu!

Wir alle sind Meister darin, wenn es darum geht, uns selbst eine Schwäche schönzureden oder uns anzulügen. Wir sind großartige Verkäufer. Ich könnte eine Wahnsinnskarriere hinlegen. Ich verkaufe mir ein ungesundes Dessert trotz Diät, ein unsportliches Leben trotz der Entscheidung zur Fitness, Sünden trotz ersichtlicher Anzeichen des seelischen Zerfalls.

Wir suchen Ausreden, um schlechte Entscheidungen zu rechtfertigen. Doch statt in dieser Zwickmühle zu bleiben, sollten wir lernen, ehrlich zu uns selbst zu sein. Auch wenn Fehler und Ängste zum Vorschein kommen.

Die Sprichwörter und Weisheiten der Bibel ermutigen uns, ehrlich zu uns selbst zu sein:

SPRÜCHE 27,19: «Im Wasser spiegelt sich dein Gesicht, und im Spiegel deiner Gedanken erkennst du dich selbst.» (GNB)

Entscheide ehrlich und erkenne deinen Antrieb

Oftmals steht uns unser Herz im Weg, wenn es darum geht, gute und ehrliche Entscheidungen zu treffen. Das, was tief drin in uns steckt, will uns oftmals bremsen, hindern, aufhalten. Manchmal ist es die Angst, zu versagen, oder Menschenfurcht, es allen recht machen zu wollen, obwohl das ja unmöglich ist. Oder die eigene Begierde flammt auf, und schwupps werden falsche Entscheidungen getroffen.

Ich erinnere mich noch gut an einen unüberlegten Kauf. Leider waren das in diesem Fall nicht ein Paar Jeans oder eine deftige Schokotorte mit Herzkirsche garniert, die ich mir nicht hätte kaufen sollen. Nein, es war ein Auto. Du hast richtig gelesen. Ein Auto. Ich war unterwegs und sah ein Inserat, das ein Auto anpries. Wir brauchten unbedingt ein neues.

Ein Mazda wurde feilgeboten. Sieben Plätze. Günstiger Preis. «Hammer Angebot! Zuschlagen, Leo, zuschlagen!» Gesagt, getan. Hab das Teil noch vor dem 9-Uhr-Tee ins Trockene gebracht, aus dem Handgelenk mit der Kreditkarte bezahlt und mir zufrieden auf die Schulter geklopft. Jackpot! Zum richtigen Zeitpunkt zuschlagen, das kann der kleine Mann aus Wallisellen ganz großartig.

Als ich ihn abholen wollte, ging der Verkäufer mit mir in einen Raum für große Autos. Da dämmerte in meinem Gehirn schon eine leise Vorahnung. Zu Hause angekommen, wollte ich mein neues Auto ordnungsgemäß in unserer Garage unterstellen. So dringlich ich es auch versuchte, der verflixte Wagen sträubte sich. Er war schlicht und einfach zu groß für die Garage. Das Auto war bigger. Großer, großer Misthaufen!

Ich rief meine Frau an:

«Schatz, wir haben ein neues Auto!»

Sie so: «Super!»

Ich so: «Find ich auch. Ähm ... es passt nicht ganz in die Garage.»

Sie so: «Nicht ganz? Was muss ich mir darunter vorstellen?»

Ich so: «Also, es geht nicht in die Garage, es steht halt jetzt in unserer Einfahrt, und das Hinterteil schaut ein bisschen auf die Straße heraus – ist das ein Problem?»

Meine Frau fragte nur trocken: «Leo, hast du die Maße vom Auto nicht gecheckt?»

Ich so: «Nöö!», und dachte: Oh-oh, jetzt wird's ungemütlich!

Meine Frau setzte sofort die zweite Frage nach: «Ja, aber du hast wenigstens eine Probefahrt damit unternommen?»

Ich so: «Nöö!» Au Backe.

Frau Bigger war alles andere als happy. Herr Bigger hatte eben mal so ein Auto gekauft. Unüberlegt.

Als ich es zum ersten Mal betankte, mit einem meiner Söhne an Bord, und er nach einer kurzen Weiterfahrt mal den Benzinanzeiger checkte, sagte er nur: «Wow, Papi, der säuft ja wie ein altes Ross! Das wird ganz schön ins Geld gehen. Geld, das du besser für eine neue Playstation ausgegeben hättest!»

Als ich meine müden Hirnzellen in Bewegung setzte und mir überlegte, warum ich diesen Kauf überhaupt getätigt hatte, realisierte ich, dass dieser Kauf von Angst motiviert gewesen war. Als Pastor habe ich nämlich immer wieder das Gefühl, dass ich gut überlegen muss, was für ein Auto ich fahre. Es darf gut sein, aber nicht zu gut. Es sollte eine Marke sein, in der Otto Normalverbraucher auch seine Runden dreht.

Und als ich diesen stinknormalen Mazda sah, dachte ich: «Mazda, mit dem hat niemand ein Problem. Ein Asiate, nicht teuer, und ich kann sogar noch die Band mitnehmen, wenn wir auf ICF-Worshiptour gehen!»

Ich habe mich nicht ehrlich hinterfragt, ob ich dieses Auto wirklich möchte. Ich habe weder die Umstände noch die genauen Bedürfnisse meiner Familie abgeklärt, geschweige denn darüber eine Nacht geschlafen. Tief in meinem Herzen trieb mich die Angst, womöglich ein zu gutes Auto zu fahren, dazu an, den Jahrhundert-Fehlkauf zu begehen. Voll vergeigt.

Diese Geschichte führt mich zur Frage:

«Was treibt dich an?»

- Ist es die Angst, etwas Falsches zu tun? Und darum machst du dann vielleicht lieber gar nichts?
- Ist es die Angst, aufzufallen? Und also verkaufst du dich unter deinem Wert?
- Ist es die Lüge, die dir sagt, wenn du das oder jenes hast, bist du glücklich? Und also machst du Dinge, die du eigentlich nicht tun möchtest?
- Ist es deine Menschenfurcht, die dich bremst?
- Ist es die Sehnsucht nach Status, die dich dazu treibt, Dinge anzuschaffen und Dinge zu tun, um aufzufallen? Aber eigentlich entspricht es dir gar nicht?
- Ist es der Drang nach Perfektion, der dich davon abhält, überhaupt Entscheidungen zu fällen?

Egal, was in meinem und deinem Herzen tief verborgen ist – ob Sehnsüchte oder Ängste: Wenn wir diese nicht ehrlich erkennen und gegen sie ankämpfen, steuern sie unsere Entscheidungen, und wir leben ein Leben, wozu wir eigentlich gar nicht geschaffen sind. Ein Leben ohne Segen und Wunder Gottes. Wer will das schon!?!

Ich bin überzeugt: Wenn wir beginnen, ehrlich zu uns selbst zu sein, finden wir am besten heraus, was tief in unserem Herzen abgeht.

- Was könnte der Grund sein, warum ich mich nie entscheiden kann? Ist es die Angst zu versagen? Oder die Angst, etwas zu verpassen? Es könnte ja noch eine bessere Gelegenheit kommen, eine bessere Frau – oder ein Mann, der noch besser zu mir passt.
- Was ist der wirkliche Grund, weshalb ich mich nie bei meinen Eltern oder bei meinen Kindern melde?
- Weshalb wechsle ich schon wieder die Wohnung?
- Warum date ich diese Person?
- Warum kämpfe ich nicht wirklich für meine Ehe?
- Warum will ich schon wieder meinen Beruf wechseln?
- Warum trinke ich so viel? Und wenn ich meinen Alkoholkonsum ehrlich reflektiere, könnte ich wirklich vierzig Tage ohne Alkohol auskommen?
- Warum gehe ich nicht mehr in die Kirche? Ist es wirklich wegen dieser Person, oder ist da etwas Tieferes, das mich davon abhält, Versöhnung zu suchen und zu leben?

Warum mache ich wirklich, was ich tue?

Wenn wir es schaffen, uns diese Frage zu beantworten, beginnen wir ehrlich zu uns selbst zu sein. Und in dieser erschreckenden Ehrlichkeit finden wir die feine Stimme Gottes, der uns annimmt, so wie wir sind, um uns zu helfen, richtige Entscheidungen zu fällen. Wir alle können die Stimme Gottes hören, die uns versprochen ist.

JOHANNES 14,16–17: «Dann werde ich den Vater bitten, dass er euch an meiner Stelle einen anderen Helfer gibt, der für immer bei euch bleibt. Dies ist der Geist der Wahrheit. Die Welt kann ihn nicht aufnehmen, denn sie ist blind für ihn und erkennt ihn nicht. Aber ihr kennt ihn, denn er bleibt bei euch und wird in euch leben.» (Hfa)

ENTSCHEIDE WEISE

Jack Welch, ehemaliger Manager von General Electrics, schrieb Folgendes in seinem Buch:

«Mit den Zeitungen von heute wird der Fisch von morgen verpackt! – Vergesst, was wir gemeinsam erreicht haben. Vergesst die Vergangenheit. Nun beginnt ein neues Spiel: Sie werden ungeahnte Veränderungen erleben, die sich mit einer unvorstellbaren Geschwindigkeit ereignen werden. Was für eine Freude für jene, die den Wandel lieben. Was für eine Bedrohung für jene, die ihn nicht begreifen.»[3]

Wir leben in einer sehr hektischen Zeit. Facebook, WhatsApp, Instagram, Snapchat, Twitter, LinkedIn, das ganze Internet, all die Apps auf unserem Handy. Unsere Seele ist einer nie dagewesenen multimedialen Berieselung ausgesetzt. Unser Hirn muss täglich so viele News verarbeiten. Unzählige Lebensentwürfe, Ideen, Philosophien und Werte prasseln auf uns nieder und beeinflussen unsere Entscheidungen.

Der Planet ist immer noch derselbe. Doch die Zeit, in der wir leben, fordert immer mehr von uns. Die Welt hat an Dichte zugelegt, das Leben hat ein horrendes Tempo angeschlagen. Und mit all dem gut umzugehen, erfordert Weisheit. Und zwar reichlich. Gut, wer in diesen Zeiten Gandalf heißt. Oder auf Gott zurückgreifen kann.

In den heutigen Umständen ist es gar nicht so einfach, die Träume, die Gott in unser Herz hineingelegt hat, zu finden. Allzu oft überhören wir das Flüstern Gottes in unserem Alltag. Doch ohne dieses Flüstern verlieren wir die Orientierung im medialen Dschungel. Und dann verschlingt er uns. Gottes Stimme zu hören ist lebensnotwendig. Die einzige Chance!

«Ein Kirchgänger geht eines Sonntags nach der Predigt zu seinem Pfarrer und fragt ihn: ‹Ein Freund von mir hat für mich gebetet, und Gott hat ihm gesagt, dass er mich als Missionar in Afrika brauchen will. Was denkst du darüber?› Der Pfarrer schaut ihn eine Zeit lang an und sagt dann: ‹Es ist deine Entscheidung, ob du gehen willst oder nicht, aber ich gebe dir einen Ratschlag: Nimm doch deinen Freund mit nach Afrika, dann kann er dir dort auch sagen, wann du wieder zurückmusst.›»

Es gibt da noch viele andere schräge Geschichten, wie zum Beispiel, wenn ein Mann zu einer Frau sagt: «Gott hat mir gesagt, du bist die Frau, die ich heiraten soll.» Dumm nur, wenn sich einer mal verhört. Dann muss jeder einen falschen Partner heiraten. Au Backe!

Schön ist auch immer, wenn jemand mir mitteilt: «Gott hat mir gesagt, was du bei deiner nächsten Predigt unbedingt sagen musst.»

Die Wahrheit ist, du brauchst keinen Guru, der dir sagt, was Gott dir auch persönlich sagen kann. Hmm. Das hab *ich* dir jetzt gesagt ...

Doch wie spricht Gott jetzt zu dir? Und wie fällst du anschließend die richtigen Entscheidungen?

Manchmal gebraucht Gott andere Menschen, um zu uns zu sprechen, ohne dass dieser Mensch dir sagt, Gott habe ihm dies oder jenes für dich gesagt ... Vielmehr passiert dies zum Beispiel in einem Dialog. Ein Satz bleibt hängen, ein Wort trifft mitten in dein Herz, und du weißt, jetzt hat Gott gesprochen.

Oder du bist in einer lebendigen Kirche, und Gott spricht Sonntag für Sonntag durch die Predigt, die Gemeinschaft und den Worship zu dir.

Gott kann auch durch Ideen, Träume, Vorstellungen oder innere Bilder zu dir sprechen.

Manchmal sind es auch ganz quere Gedanken, die – bämm – aus dem Nichts in deiner Gedankenwelt auftauchen, und du jagst ihnen nach wie Jason Bourne, und du bemerkst: Jetzt hat Gott dich herausgefordert, dich gerufen oder zu dir gesprochen.

Gott spricht auch gerne durch die Bibel, indem du von einem Vers, einer gewissen Stelle oder einer Geschichte tief berührt wirst. Darin ist er besonders gut!

Oder Gott spricht in der Stille zu dir, im Gebet oder auch durch das Bauchgefühl und den inneren Frieden in deinem Herzen.

Bei Moses in der Bibel hat Gott Pyrotechnik angewendet, um ihm ein paar Dinge zu verklickern. Er sprach dort tatsächlich aus einem brennenden Dornbusch heraus. Zischeldizisch! Zu Daniel, einem weiteren Mann aus der Bibel, hat Gott durch spooky Visionen gesprochen, bei Maria, der Mutter von Jesus, durch einen Engel, der im himmlischen Rhetorikkurs aufgefallen war.

Bei den Jüngern sprach Gott durch seinen Sohn Jesus. Die Jungs hatten es wohl einfach. Nicht? Später wurde Jesus, der Speaker, durch den Heiligen Geist ersetzt. Junge, Junge. Jünger müsste man sein. Zum Glück sind wir das! Und dem Heiligen Geist sind keine Grenzen gesetzt, wie Gott durch ihn zu uns sprechen kann.

Und genau das liebe ich so an Gott. Gott ist kreativ und unglaublich feinfühlig. Er spricht so zu uns, wie es am besten zu uns passt. Gott kann und will so mit uns kommunizieren, wie es unserem Typ, unserer Art und unserem Wesen entspricht, weil er dadurch sichergeht, dass wir ihn auch verstehen. Capisci?

Und trotzdem, manchmal tobt um uns ein richtiger Informationskrieg, und es fällt uns saumäßig schwer, zwischen der Stimme Gottes und anderen Stimmen zu unterscheiden. In solchen Situationen ist es wichtig, dass wir lernen, einen inneren Pausenknopf zu drücken, innezuhalten und uns folgende Fragen zu stellen, die uns helfen können, wieder den Willen Gottes zu erkennen.

1. Frage: Was würde Jesus tun?

EPHESER 5,10: «Prüft in allem, was ihr tut, ob es Gott gefällt.» (Hfa)

Jesus vergleicht uns in der Bibel mit Schafen und sagt zu uns, dass wir seine Stimme – wie seine Schafe – immer wieder hören werden. Schafe sind superglücklich, wenn sie die Stimme des Hirten hören. Sie sind nicht gerade mit Intelligenz gesegnet und brauchen dringend Orientierung und jemanden, der ihnen den Weg zeigt.

Drücke den Pausenknopf und frage dich als Erstes: «Würde diese Entscheidung Gott gefallen? Was denkt Jesus über diese Situation? Hätte Jesus Freude daran, und was würde er tun?»

So können wir entscheiden, ob es in einer Situation angebracht ist, zu etwas Ja oder Nein zu sagen.

Ich versuche Gott in all meine Entscheidungen zu integrieren, sei es, wenn ich mir etwas Neues kaufen will, sei es, wenn ich mich frage, was für

Schwerpunkte die nächste Predigt hat, mit welchen Menschen ich mich treffe, was ich mit meinen Kindern in den Ferien unternehme, was ich auf Facebook und Instagram poste und wie ich mit meinen Mitarbeitern umgehen soll. Gott spricht immer wieder und gibt mir, wenn ich den Pausenknopf drücke und mir diese erste Frage stelle, durchaus klare und deutliche Anweisungen. Blöök!

2. Frage: Hast du den inneren Frieden?

Wir haben die Eigenschaft, Gottes Gegenwart in uns zu erkennen. Das äußert sich darin, dass wir, wenn wir um eine Entscheidung ringen, plötzlich einen inneren Frieden sowie Ruhe und Freude in uns verspüren. Das ist kein Hokuspokus, sondern der Heilige Geist, der alle Herzensampeln auf Grün stellt. Go, Johnny, go!

Egal, was du erlebst und dir wünschst, was du durchmachst oder nach was du dich sehnst, halte an Gott fest und unternimm nichts, solange du diesen chilligen göttlichen Frieden in dir nicht spürst. Bleibe in Gott, lass dich durch seinen Frieden führen und erlebe, wie dir alles zum Besten dient.

RÖMER 8,28: «Eines aber wissen wir: Alles trägt zum Besten derer bei, die Gott lieben; sie sind ja in Übereinstimmung mit seinem Plan berufen.» (NGÜ)

Frieden zu finden hat viel mit unserem Atem zu tun. Denn unser Atem soll uns nicht nur an die letzte Mahlzeit erinnern, sondern vor allem daran, dass Gott jeden unserer Schritte bis ins kleinste Detail geplant hat und dass Gott dein und mein Leben im Griff hat.

Wir lesen in der Schöpfungsgeschichte, dass Gott den ersten Menschen aus einem Klumpen Dreck geformt und ihm mit seinem Atem Leben eingehaucht hat. Huhhh! «Los, Adam, und jetzt schön atmen. Ein und aus. Und ein und aus. Gut gemacht, Junge!»

Spannend ist, dass Atem und Geist in der Bibel dasselbe Wort ist. Das bedeutet, dass jeder von uns das Potenzial in sich trägt, Gott in seinem Leben zu erkennen.

Der Name Gottes, «JAHWE», wird in der altjüdischen Tradition nicht ausgesprochen, weil er als heilig gilt. Schaut man dieses Wort genauer an, setzt es sich aus folgenden Konsonanten zusammen: Jod – He – Waw – He.

Alte Rabbis sagen, JAHWE sei zugleich auch die Bezeichnung des Atems. Und das wiederum ist das Ende aller Atheisten. Niemand kann eigentlich sagen: «ES GIBT KEINEN GOTT», denn jedes Mal, wenn du ein- oder ausatmest, sagst du: Jod – He – Waw – He, den Namen Gottes!

Erinnere dich beim nächsten Atemzug daran, dass du gerade Gott die Ehre gibst. Vertraue dein Leben ruhig Gott an, denn durch ihn und zu ihm lebst du. Here we go!

HIOB 12,10: «Alle Lebewesen hält er in der Hand, den Menschen gibt er ihren Atem.» (Hfa)

Findest du den Frieden für eine Entscheidung, kannst du wieder ruhig atmen, ruhig schlafen und lächelst selig schlafend wie ein Baby nach dem Besuch an der mütterlichen Milchbar. Sollte der Friede jedoch über längere Zeit im Urlaub sein, kannst du davon ausgehen, dass du dich auf dem Holzweg befindest.

Folgt der Friede, hilft dir eine weitere Frage, um ganz sicherzugehen:

3. Frage: Bestätigen es geisterfüllte Freunde?

Frage Freunde nach ihrer Meinung. Ich persönlich habe ein älteres Ehepaar, das mir und meiner Frau sehr nahe steht. Oldies, but Goldies! Ehrliche, geisterfüllte und authentische Menschen, die sich nicht zieren, ehrliche Fragen zu stellen und mal ordentlich auf den Schlips zu treten. Wann immer ich/wir in einer Sache nicht sicher bin/sind, fragen wir dieses Ehepaar. Wir legen unsere Gedanken und auch die mögliche Entscheidung hin und lassen sie die unbequemen Fragen stellen. Wir haben uns entschieden, dass Gott durch sie zu uns reden darf, und ihre Meinung bedeutet uns sehr viel.

Darum mein Rat an dich: Umgib dich auch mit Menschen, deren Kopf weiße, silberne Haare schmücken, die dich inspirieren und hinterfragen dürfen und dich auch mal herausfordern. Bist du in deiner Gruppe der Intelligenteste und hast nur Menschen um dich herum, die faltenfrei sind, dann ist dein Freundeskreis definitiv noch zu klein.

Irgendwo habe ich mal Folgendes gelesen:

«Zeig mir deine Freunde, und ich sage dir, wie dein Leben in Zukunft aussehen wird!»

Ein treffendes Zitat. Die Kraft der Gemeinschaft ist unglaublich und hat ein riesiges Potenzial. Falsche Freunde, eine negative Umgebung oder komische Einflüsse prägen dein Leben und deine Zukunft. Suchst du die Gemeinschaft mit Schurken und Ganoven, wird es schwierig, ein gutes Leben zu leben.

Da wir alle Freunde brauchen, möchte ich dir empfehlen, deinem Portfolio inspirierende Freunde hinzuzufügen, die dasselbe Ziel verfolgen wie du. Dann jagst du die Ganoven mit James Bond und führst sie anschließend zum Glauben an Jesus.

Ich realisierte schon als junger Kerl, dass ich, wenn ich mich mit Menschen umgebe, die nicht denselben Traum und dieselbe Leidenschaft im Herzen haben wie ich, es nicht schaffen werde, meinen Lauf mit Gott zu vollenden. Darum habe ich mir schon im zarten Jugendalter immer wieder Orte der Gemeinschaft gesucht, wo die Menschen für Gott «abgingen» und mich in meinem Glauben und meiner Beziehung zu Gott unterstützten. Auch wenn sie Birkenstock-Sandalen und Wollpullis trugen, ich umgab mich mit Menschen, die an mich glaubten und mich ermutigten; Menschen also, die einen positiven Einfluss auf mich ausübten.

Ich wünsche dir den Mut, dich von falschen Freunden zu lösen und dir von Gott Orte der Gemeinschaft zeigen zu lassen, an denen du echte und göttliche Freundschaften erleben kannst. Längerfristig zahlt es sich aus, auf die richtigen Freundschaften zu setzen. Hundertpro. Gute Freunde sind die beste Anlagestrategie. Aktien, die immer nur steigen. Himmelwärts. Gemeinsam.

SPRÜCHE 17,17: «Auf einen Freund kann man sich immer verlassen.» (NLB)

Neben guten Freunden hilft auch die nächste Frage, um herauszufinden, ob wir auf dem richtigen Weg sind:

4. Frage: Passt es zeitlich und inhaltlich?

Eine gute Idee braucht wie guter Wein Zeit zum Reifen. Dies wiederum bedingt Geduld. Doch wie lernen wir Geduld? Ganz einfach, indem wir lernen, zu warten, zu vertrauen und trotzdem glücklich zu sein. Don't worry, be happy. Wir können warten, weil wir wissen, Gott wird uns schon zur richtigen Zeit eine Tür öffnen. Doch solange die Tür nicht aufgeht, warten wir. Die Brechstange bringt dich nicht weit. In den Knast vielleicht.

photo-1488313338187-78296e6fdc4d.jpeg

Saul, der erste König des Volkes Israel, gesalbt von Samuel und berufen von Gott, hatte eigentlich alles, was er benötigte, um als göttliche, mit Autorität gesegnete Person in die Geschichte einzugehen. Neben seiner Berufung durch Gott hatte er auch Talent, einen braunen Teint und attraktive Gesichtszüge, die Ausstrahlung eines wahren Helden mit Charisma. Er war der Traum aller Schwiegermütter.

Doch wegen einer Charakterschwäche schaffte er es nicht, positiv in die Geschichte einzugehen. Ihm fehlte etwas Entscheidendes: Geduld. Saul brachte schlichtweg die Geduld nicht auf, auf Gott und den richtigen Zeitpunkt zu warten. Seine Ungeduld bewog ihn dazu, allzu früh in den Krieg zu ziehen. Dadurch und wegen weiterer Folgefehler verlor er die Gunst Gottes und beendete sein Leben schließlich in Desorientierung und einer starken Ruhelosigkeit. Statt als königlicher Herrscher auf der Leinwand landete er in Leinen eingewickelt im Grab, das er sich selbst schaufelte.

Geduld ist eine entscheidende Tugend. Du hast überall und immer wieder die Möglichkeit, sie zu trainieren. Sei es, wenn der Zug Verspätung hat und du trotz allem deine Ruhe bewahrst; wenn du auf deine Wünsche noch ein bisschen länger verzichtest und wartest, bevor du sie dir erfüllst; wenn du in deinem Beruf oder Alltag Situationen erlebst, in denen du am liebsten den Bettel hinwerfen möchtest, stattdessen aber geduldig bleibst und treu deinen Job machst.

Im Warten auf den richtigen Zeitpunkt und auf Gottes Eingreifen lernen wir Vertrauen. Je größer unser Vertrauen in Gott und seinen Zeitplan ist, umso geduldiger werden wir. Denk also daran, wenn heute deine Geduld getestet wird, und entscheide dich für das Vertrauen. Nicht überbeißen. Schön locker bleiben. Gott ist da. Er hat alles im Griff. Und zwar so richtig. Er steht gleich neben dir. High five?

RÖMER 5,4: «Geduld aber vertieft und festigt unseren Glauben, und das wiederum stärkt unsere Hoffnung.» (Hfa)

Die fünfte und letzte Frage, welche uns hilft, weise Entscheidungen zu treffen, ist die folgende:

5. Frage: Macht es im Blick auf die Ewigkeit Sinn?

Gehen wir nochmals zurück zu Jakob und Esau. Beide hatten dieselben Eltern. Linsen-Esau hatte als Erstgeborener sogar die besseren Voraussetzungen. Doch Jakob überlegte sich im Gegensatz zu Esau mehr. Denn er wusste um die Kraft des Segens. Er realisierte, dass der Segen Kraft hat, ein Leben zu prägen und für immer zu verändern. Der Segen Gottes ist so mächtig, dass er sogar Auswirkungen auf die nächste, übernächste und all die kommenden Generationen hat.

Esau hingegen überlegte nicht über den Moment hinaus. Seine wenigen grauen Zellen und sein Hunger führten dazu, dass er eine Entscheidung traf, die sein Leben über seine kommende Generation hinaus prägen würde. Er tauschte bei seinem Bruder sein Erstgeburtsrecht gegen ein lauwarmes Linsengericht aus der Mikrowelle ein. Mannomann. Seine Geschichte und die seiner Nachkommen wird in dem Moment neu geschrieben. Die von Jakob auch – und zwar positiv. Doch Esau verliert seine ganzen Zusagen und verpasst wegen einer magengesteuerten Entscheidung den ganzen Segen und die Kraft Gottes für sein Leben!

Es ist sowas von entscheidend, dass wir uns immer wieder überlegen, was unsere Entscheidung für Auswirkungen für die Zukunft hat! Schreib dir das mal ganz fett, nett und adrett hinter die Ohren. Ich hab's vor langer Zeit getan.

SPRÜCHE 4,26–27: «Wähle sorgsam deine Schritte und weiche nicht vom rechten Weg ab! Schau weder nach rechts noch nach links und halte dich vom Bösen fern.» (Hfa)

Kleines Hupferl zurück zu David, Saul und seinem Gaul. Saul wurde König, weil das Volk unbedingt einen König wollte. Saul, der schöne und talentierte Mann, wird der erste Regent von Gottes Volk und hat die unglaubliche Gelegenheit in seiner Hand, die Geschichte für sich und seine kommenden Generationen positiv und segensreich schreiben zu lassen.

Doch wegen seiner Ungeduld und Eifersucht verlor er Gottes Gunst, und Gott ließ noch während Sauls Regierungszeit einen neuen Hoffnungsträger zum König salben – David, den unscheinbaren Hirtenjungen, den seine Brüder schon gerne mal auf dem Feld vergaßen.

Solange Saul an der Macht ist, bleibt David Hirte. Saul spürt, dass Gott einen Planwechsel vollzogen hat, und seine krankhafte Eifersucht bringt ihn dazu, David nach dem Leben zu trachten und ihm an die Gurgel springen zu wollen.

David als zukünftiger König ist auf der Flucht vor Saul. Eines Tages versteckt sich David vor Saul in einer Höhle. Zufälligerweise kommt Saul an dieser vorbei, denkt sich nichts Böses, lässt seinen Rock herunter und will loswerden, was keine Miete zahlt. Den mit Zwiebeln gespickten Räuberspieß vom Mittagessen.

David ruht im hinteren Winkel dieser Höhle, und seine Männer flüstern ihm zu: «Jetzt, David, ist deine Zeit gekommen. Du weißt doch, der Herr hat dir versprochen, dass er dir deine Feinde in seine Hand geben wird! Jetzt kannst du Saul das Licht auspusten. Ramm ihm dein Schwert in den Rücken, während er gemütlich auf dem Topf sitzt.»

Showdown. High noon. Wilder Westen im Nahen Osten. Vor den Füßen Davids liegt die Gelegenheit, einen lästigen Feind loszuwerden und innerhalb von Sekunden König zu werden. Endlich das zu bekommen, was ihm schon lange zusteht. Doch was macht David? Wir lesen, wie er zu seinen Männern sagt:

1. SAMUEL 24,7–8: «‹Gott bewahre mich davor, dass ich Hand an meinen Herrn lege! Er ist doch der König, den Gott eingesetzt hat!› Er wies seine Männer zurecht und verbot ihnen, sich an Saul zu vergreifen.» (DGN)

David entschied richtig. Er wusste, was Gott eingesetzt hat, setzt Gott auch wieder ab. Es liegt nicht in seiner Menschenhand, zu entscheiden, wann dieser Zeitpunkt gekommen ist. David dachte weiter und überlegte sich in diesem Moment in der Höhle, was für eine Auswirkung seine Entscheidung hat. Er realisierte, dass er sich dadurch nur ins eigene Fleisch schneiden und den Segen Gottes über seinem Leben verkleinern würde. Er sah weiter und konnte dank dieser Sicht in diesem Moment die richtige Entscheidung treffen.

Auch wir müssen lernen, weiter zu sehen. Über den Moment hinaus. Das wird uns helfen, zu falschen Sachen Nein und zu richtigen Dingen Ja zu sagen. Definitiv.

Ich möchte dir eine einfache Regel mitgeben, die ich immer wieder anwende, wenn ich nicht genau weiß, ob die Entscheidung richtig ist oder ob ich in der Gefahr stehe, nur emotional zu reagieren, und mir so in der Zukunft Segen verbaue. Es ist ...

Die 10-10-10-Regel

Bevor du eine leichtsinnige Entscheidung fällst, überlege kurz, was diese Entscheidung für Konsequenzen haben wird.

- Wie fühlst du dich in 10 Minuten?
- Was wird in 10 Monaten sein?
- Und welche Konsequenzen hat die Entscheidung in 10 Jahren?

Kannst du diese Fragen mit ruhigem Gewissen auf positive Weise beantworten, dann bist du auf dem richtigen Weg. Wenn du hingegen realisierst, dass genau dieser Weg – diese zehn Sekunden, in denen du jetzt eine wegweisende Entscheidung fällst – sich negativ auf dein Leben auswirkt, sei es in zehn Minuten, zehn Monaten oder auch erst in zehn Jahren, dann lass es bitte, bitte sein!

Es hat keinen Wert, dein Leben durch falsche Entscheidungen auf eine falsche Fährte zu führen. Du verpasst nur Segen und viel Schönes, das Gott für dich in deiner Zukunft bereithält. Klar, Gott kann dich immer wieder zurück auf den Weg und so auch zum Ziel bringen. Seine Gnade ist nicht limitiert und kennt keine hoffnungslosen Situationen.

Doch es ist Tatsache, dass du in der Zwischenzeit, bis du wieder zurück auf dem Weg bist, sehr vieles verpassen wirst. Viele schöne Momente in deiner Familie werden nicht gelebt, viele Momente des Segens nicht ausgekostet und viele Glücksmomente der Liebe, der Harmonie und der Zufriedenheit nicht erlebt. Darum: Think twice, wenn du merkst, jetzt ist es dran, ein Nein zu setzen und einen klaren Strich zu ziehen. Sag es und ziehe ihn!

Paulus ermutigt uns in der Bibel, dass wir lernen können, glücklich zu sein. Auch wenn wir uns manchmal gegen unsere Sehnsüchte stellen müssen. Auch wenn nicht immer alles so läuft, wie wir es uns vorgestellt haben. Auch wenn es um uns herum dunkel ist und der Silberstreif am Horizont erst ganz schwach zu erkennen ist. Auch wenn es fast so aussieht, als hätte dich das Glück verlassen. Paulus sagt:

PHILIPPER 4,11–12: «Ich sage das nicht etwa wegen der Entbehrungen, die ich zu ertragen hatte; denn ich habe gelernt, in jeder Lebenslage zufrieden zu sein. Ich weiß, was es heißt, sich einschränken zu müssen, und ich weiß, wie es ist, wenn alles im Überfluss zur Verfügung steht.» (NGÜ)

Interessant, wie Paulus in diesem Abschnitt betont, er habe gelernt, echtes Glück habe nichts mit Gefühlen oder Umständen zu tun. Wir können lernen, glücklich zu sein, und uns jeden Morgen neu dafür entscheiden. Wir können nach dem Aufstehen zu uns selbst sagen: «Heute erwartet mich ein guter Tag. Gott hält Wunder bereit. Er wird krumme Wege geradebiegen und ist auf meiner Seite. Wer kann dann noch gegen mich sein!?!»

Lass deine Sorgen jeden Tag von Neuem los und fokussiere dich auf das Gute, das Schöne und das Göttliche. Fälle Entscheidungen und komme vorwärts, denn Gott und das Leben haben mehr zu bieten. Verpasse nicht den Segen wie Esau oder Saul, sondern strebe danach wie Jakob und halte dich treu an Gott wie David.

HEBRÄER 13,5: «Seid ... zufrieden mit dem, was ihr habt. Denn Gott hat uns versprochen: ‹Ich lasse dich nicht im Stich, nie wende ich mich von dir ab.›» (Hfa)

segens-räuber

KAPITEL 4

Jakob verfügte über eine unglaubliche Disziplin. Er setzte alles daran, dass die Zusage Gottes, die er schon vor seiner Geburt über seinem Leben prophezeit bekam, auch eintreffen würde. Er hängte sich an dieses Ziel. Wie ein wadenbeißender Verteidiger sich an die Fersen Ronaldos hängt und ihn keine Sekunde aus den Augen lässt.

Gott hat eine sensationelle Eigenschaft in dich eingebaut. Mit viel Liebe und in Handarbeit: Disziplin. Die schaltet sich automatisch ein, wenn du dich für den Weg des Glaubens entscheidest. Du kannst mit Gott zusammen alles schaffen, was du dir vornimmst. Du bist eine Tochter bzw. ein Sohn des höchsten Gottes und hast eine unglaubliche schöpferische Kraft in dir. Lebe dein Talent aus. Tag für Tag. Fleißig wie eine Ameise. Und du wirst staunen, was Gott durch dich alles schafft!

Gott rettete Noah und somit die Menschheit vor dem endgültigen Untergang, indem er ihn motivierte, eine Arche zu bauen. Gott versprach Abraham und Sarah, dass sie trotz ihres Ötzi-Alters noch ein Kind bekommen würden.

Gott teilte für Mose und das Volk Israel das Meer, als sie sich auf der Flucht befanden.

Gott führte sein Volk in ein neues Land, indem er durch ein Wunder die Mauern der einzunehmenden Stadt zusammenbrechen ließ, so dass sein Volk die Stadt und später das ganze Land erobern konnte. Attacke!

Gott schenkte der Jungfrau Maria seinen Sohn.

Gott gibt der ganzen Menschheit die Möglichkeit, ihn kennen zu lernen und seine Kraft persönlich zu erleben, indem er seinen Sohn Jesus am Kreuz sterben ließ und ihn danach wieder von den Toten auferweckte.

Gott holte Jesus vor den Augen seiner Nachfolger zurück in den Himmel, und er erfüllte seine Zeugen – für alle sichtbar – mit seiner Kraft, dem Heiligen Geist.

Gott macht noch heute Kranke gesund, Lahme gehend, Blinde sehend, Zweifelnde glaubend, Ängstliche mutig, Verzweifelte hoffnungsvoll, tote Seelen und Menschen wieder lebendig und gibt Ziellosen Orientierung.

Für Gott ist absolut nichts unmöglich! Nothing! Nada! Darauf kannst du wetten! Gott fragt auch dich: «Gibt es irgendetwas, das zu groß, zu stark, zu gewaltig oder unmöglich für mich wäre?»

Hast du wirklich das Gefühl, dass deine Träume für Gott zu groß sind, um sie wahr werden zu lassen?

Meinst du wirklich, dass deine Eheprobleme für Gott nicht lösbar sind?

Denkst du wirklich, dass du den Rest deines Lebens in deiner Einsamkeit, deiner Behinderung oder deiner Sucht bleiben musst, weil Gott dich da nie und nimmer rausboxen kann?

NEIN! Für Gott ist kein Problem zu groß, keine Beziehung zu kaputt und kein Leben zu verlebt, um es nicht retten oder neu beleben zu können.

JEREMIA 32,27: «Ich bin der HERR, der Gott über alle Menschen. Nichts ist für mich unmöglich!» (Hfa)

Um die Tragweite dieser Aussage zu begreifen, müssen wir einmal mehr auf Esau und Jakob schauen. Esau, der Erstgeborene, war ein waschechter Jägertyp, unrasiert, unfrisiert, liebte das Schnitzel aber frittiert. Er war immer draußen und genoss das Leben.

Jakob hingegen verbrachte viel Zeit in der Küche bei seiner Mum. Er hatte aber ziemlich schnell die Schnauze voll vom Plätzchenbacken und wollte mehr. Er ergaunerte sich bei seinem Bruder durch ein Linsengericht das Erstgeburtsrecht und später noch bei seinem Vater den Segen, der eigentlich Esau zustand. An dieser Stelle komme ich zu unserem kontroversen Vers zurück:

RÖMER 9,13: «Jakob habe ich meine Liebe zugewandt, aber Esau habe ich gehasst!» (NGÜ + LUT)

Da hängt der Hammer! Warum hasst Gott Esau? Esau traf doch keine Schuld. Gut, er roch etwas stark unter den Armen und hätte vielleicht mal wieder duschen können. Aber sonst war der Kerl doch in Ordnung? Er war ein bisschen unvorsichtig, etwas träge, wenn es nicht gerade um die Jagd ging, und etwas verfressen, mag sein – aber er war ja nicht derjenige, der das Erbrecht klaute.

Jakob hingegen war das Muttersöhnchen, ein Lügner und Betrüger, der lieber Verkleiden spielte, als wie ein Mann durch die Wälder zu streifen. Also, ich würde lieber mit Esau am Lagerfeuer einen Hirsch braten, als mit Jakob auf dem Speicher Theater zu spielen.

Weshalb liebte Gott einen Lügner, der sich nach dem Segen Gottes sehnte und ihn in diesem Fall ergaunerte, mehr als einen, der sein Erstgeburtsrecht, den Segen Gottes, gegen ein Linsengericht eintauschte? Die Antwort habe ich schon in einem früheren Kapitel in diesem Buch angetönt.

Gott kann es offensichtlich nicht ausstehen, wenn wir unser Potenzial achtlos vermodern lassen, unseren Segen, der uns zusteht, nicht ernst nehmen und das, was Gott mit uns vorhat, nicht voll ausleben.

Tatsache ist, Esau hat für ein veganes Essen Gottes Segen sausen lassen. All das Gute, das für ihn bereitlag: Gottes Plan für sein Leben, alle Verheißungen.

Es ist in etwa so, wie wenn du jetzt gerade wählen könntest zwischen einem Fußballmatch und einem reich erfüllten Leben, in dem Gott durch dich sein Königreich baut. Und du entscheidest dich für die neunzig Minuten und für irgendeinen Grottenkick.

Ich meine, ein Linsengericht ist nicht einmal ein Bundesligaspiel, geschweige denn Champions League. Aber diese neunzig Minuten sind dir jetzt gerade so wichtig, dass du bewusst auf ein ganzes Leben in der Kraft Gottes verzichtest.

Oder wenn du eine Frau bist, entscheidest du dich für ein neues Kleid aus den Zalando-Lagerhallen, weil du das jetzt unbedingt brauchst, und sagst Gott gleichzeitig ins Gesicht: Das ist mir wichtiger als ein ganzes Leben mit dir.

«Würd ich nie so machen», denkst du jetzt sicher. Vor allem, weil du weißt, wie viel cooler, besser und schöner ein Leben mit Gott ist als alles andere.

In jedem von uns steckt mehr Esau, als wir uns vorstellen können. Und deshalb widmen wir uns in diesem Kapitel ganz explizit und exklusiv Esau und seinem frappanten Fehler, damit wir nicht den Segen Gottes verpassen.

1. MOSE 25,34: «Jakob gab ihm das Brot und die Linsensuppe. Esau schlang es hinunter, trank noch etwas und ging wieder weg. So gleichgültig war ihm sein Erstgeburtsrecht.» (Hfa)

Was hat Esau schlussendlich den Segen geklaut?

DER ERSTE SEGENSRÄUBER: UNREIFE

«Du gehst vor mir her, du bist bei mir. Ich weiß, dass du mir den Weg bahnst. Du wirst mich nicht aufgeben, weil du in mir lebst. Ich will mich auf deine Liebe verlassen. Denn deine unfehlbare Liebe wird mich nach Hause führen.»[4]

Unser Leben ist eine Reise, und Gott geht vor uns her. Ich liebe es, anderen Menschen im Vertrauen zu folgen. Du kannst schön in ihrem Schatten hinterherlaufen und musst nicht jede Entscheidung hundertmal hinterfragen, trägst keine große Verantwortung und kannst die kleinen Momente des Alltags viel besser genießen.

Klar bin ich als Pastor immer wieder herausgefordert, Entscheidungen zu treffen, zu leiten, Visionen zu vermitteln und für meine Überzeugungen einzustehen. Es gehört zu meinem Job, dass ich die Verantwortung trage, nach vorne schaue und vorausgehe.

Umso mehr liebe ich die Momente, in denen es nicht so ist; Momente, in denen ich die Verantwortung Gott abgeben darf. «So. Jetzt schau du mal.» Ich lege für einen kurzen Moment meine Füße hoch und schaue Gott beim Arbeiten zu. Eines meiner Lieblingshobbys. Da realisiere ich wieder neu, dass es schlussendlich nicht nur an mir liegt und ich nur ein Teil des Ganzen bin.

Wir können viel bewegen und verändern, doch das letzte Wort haben am Ende nicht wir. Es gibt jemanden, der die finale Verantwortung trägt, und das ist Gott. Gott leitet und führt uns, so dass wir unser Ziel und unser Zuhause finden. Doch damit das geschieht, müssen wir lernen, uns leiten zu lassen, loszulassen und Gott zuzutrauen, dass er immer wieder unser Bestes sucht. Die besten Lehrmeister dafür sind: konkrete, greifbare Vorbilder.

Wir denken, je älter ein Mensch ist, desto mehr kann er uns als Vorbild dienen. Wir stehen hier aber in der Gefahr, dass wir Alter mit Reife verwechseln.

Klar sollten ältere Menschen auch reifer im Glauben sein, wenn sie in ihrem Leben die ganze Zeit unterwegs mit Gott waren. Doch es gibt auch ältere Menschen, die gläubig sind, aber eigentlich nichts an Reife gewonnen haben.

Bestes Beispiel dafür sind Esau und Jakob. Viele denken, die beiden wären bei ihrem legendären Linsenhandel noch pickelgesichtige Teenager gewesen. Denkste! Die beiden hatten zu dem Zeitpunkt schon mindestens vierzig Lenze auf dem Buckel, was doch eine gewisse Reife vermuten lässt. In fortgeschrittenem Alter trifft Esau eine unreife Entscheidung, einem Teenager gleich.

Die Bibel beschreibt es so:

1. MOSE 25,27: «Die Jungen wuchsen heran. Esau wurde ein erfahrener Jäger, der gern im Freien umherstreifte. Jakob dagegen war ein ruhiger Mann, der lieber bei den Zelten blieb.» (Hfa)

Die geistliche Reife hat nichts mit dem Alter zu tun, sondern mit unserer Lernbereitschaft und der Offenheit zur Veränderung. Wenn wir uns Gott gegenüber immer wieder öffnen, erleben wir, wie wir zu echter geistlicher Reife heranwachsen.

Und was diese Reife betrifft, befand sich Esau am unteren Ende der Nahrungskette. Er war so reif wie eine Tomate im Frühling. Also: gar nicht.

Unreif sind wir dann, wenn wir unser Ziel, alles, was Gott für uns bereithält, aus den Augen verlieren. Das große Bild ist weg. Wir schauen nur noch auf uns und sind damit beschäftigt, unsere Bedürfnisse und Triebe zu befriedigen. Das, was auch unseren Hund auszeichnet. Wuff!

Esau kam nach der Jagd nach Hause, hielt seine Nase in den Wind, schnüffelte und roch den Linsentopf. Er wedelte freudig mit den Ohren, vergaß alles andere und schlürfte gierig das Süppchen. Alles andere war piepegal!

Hunger war der Zustand, der wie auf einen Schlag sein ganzes Sein, Wesen und Leben einnahm. Und er wollte nur noch eines: diesen Hunger stillen.

Ich erinnere mich noch gut an eine Begebenheit aus Bigger'schem Hause. Vor Jahren, als unsere Kinder noch kleiner waren, wollte ich eines Abends meine Frau in ein feines Restaurant ausführen. Wir verabschiedeten uns von unseren Söhnen, als Stefan, der jüngere, aus heiterem Himmel einen Wutanfall bekam. Das war nicht weiter tragisch, er ist ein Mann. Und Männer neigen halt zu starken Gefühlsausbrüchen.

Manchmal passiert das einfach, und wir als Eltern haben nichts falsch gemacht. Und manchmal passiert es, und wir haben alles falsch gemacht. Was denn nun?

Ehrlich gesagt interessierte mich diese Frage im Moment nicht. Vor meinem inneren Auge sah ich nur das Steak auf dem gedeckten Tisch im Restaurant, in dem wir bald sein würden. Mein Magen meldete sich: «Leo, easy, Stefan kriegt sich schon wieder ein. Fokussier dich. Denk ans Steak, verlier nicht das Ziel aus den Augen.»

So wollte ich diese Gefühlsregung von meinem Sohn als einfache Lappalie abtun, um endlich meinen Hunger zu stillen. Doch ich hatte die Rechnung ohne meine Frau gemacht. Sie blieb stehen und sagte: «Leo, es ist diese Woche bereits der dritte Abend, an dem wir weg sind. Ich denke, Stefan braucht jetzt unsere ungeteilte Aufmerksamkeit. Kannst du die Reservation bitte absagen?»

Ich wollte gerade lauthals protestieren: «Nein, ich habe Hunger!» Und wenn ich Hunger habe, brauch ich gaaanz schnell was zwischen die Beißerchen. Sonst werd' ich zur Bestie wie die Gremlins in der Snickers-Werbung. Doch bevor ich meinen Mund öffnen konnte, meldete sich eine feine, leise Stimme, die sagte: «Leo, jetzt ist dein Sohn dran! Diese Investition wird positive Spuren in seinem Leben hinterlassen.»

So bekam mein Steak vor meinem inneren Auge innerhalb von Sekunden Flügel und flog ins Nirwana. Und wir blieben zu Hause.

Wir müssen lernen, nicht immer nur auf unsere Gefühle zu hören. Lernen, zu unterscheiden zwischen visionsorientierter und lustorientierter Entscheidung. Wenn wir es auf die Reihe kriegen, unsere Entscheidungen visionsorientiert zu fällen, dann können wir in solchen Situationen Nein sagen. Wir wissen, wenn wir jetzt verzichten und standhaft bleiben, der Lust nicht einfach freien Lauf lassen, hat diese Entscheidung positive Auswirkungen nicht nur auf unsere Zukunft, sondern auch auf die unseres Umfelds.

Esau hingegen entschied sich lustorientiert. Er pfiff auf die Zusagen Gottes, die ihm als Erstgeborenem zugestanden hätten. Er sagte zu sich: «Ich habe jetzt Kohldampf, und koste es, was es wolle, ich will jetzt und hier futtern. Was danach geschieht und was die Entscheidung für Konsequenzen haben wird – wen kümmert's!?!»

Gesagt, getan. Topfinhalt runtergewürgt. Zwei Minuten Spaß. Der Preis – sein Leben. Gratuliere zu der Fehlentscheidung der letzten sechs Jahrtausende.

Hmm. Wir alle sind herausgefordert, uns gegen unsere Lust im Moment zu stellen. Als verheirateter Mann oder verheiratete Frau lernst du plötzlich eine heiße Schnitte auf dem Weg zur Arbeit kennen, und diese Person deckt all die Bedürfnisse ab, die dein Partner dir nicht erfüllen kann. Das Gespräch fließt, es wird geflirtet, was die Augäpfel hergeben, und ehe du dich's versiehst, bist du herausgefordert, eine wegweisende Entscheidung zu treffen:

Will ich die Person noch häufiger treffen, lustorientiert, oder entscheide ich mich, sie zu meiden, weil ich meinem Ehepartner hoch und heilig die Treue geschworen habe?

Oder an deinem Arbeitsplatz läuft es gerade nicht rund. Dein Chef verlangt unmögliche Sachen von dir und fordert gleichzeitig bedingungslose Loyalität. Und du hörst eine feine Stimme: «Das musst du dir nicht bieten lassen. Schmeiß den Job hin. Hau vorher so richtig auf den Tisch, und geig dem Chef mal ordentlich die Meinung.»

Du hast die Wahl. Den Gefühlen Auslauf gönnen und den Job verlieren – oder Durchhaltewillen beweisen. Im Wissen, dass Gott zu gegebener Zeit neue Türen öffnen und dich für deine Loyalität belohnen wird.

Wir sind immer wieder herausgefordert, uns zu entscheiden. Mach es nicht wie der lustgesteuerte Esau, die unreife Tomate. Von solchen Menschen möchte ich nichts lernen. Ihr Leben und ihre Ratschläge führen mich schlussendlich selbst in eine Richtung, die für mich zu einem schlechten und unreifen Ende führt.

SPRÜCHE 5,23: «Wer keine Selbstbeherrschung hat, kommt um. Seine bodenlose Dummheit bringt ihn ins Grab.» (GNB)

Jakob – die Phase der grünen Tomate

Grün ist noch nicht ganz reif, aber auf gutem Weg. Jakob ist eine grüne Tomate. Obwohl er schon mindestens vierzig Jahre alt war, drehte sich zum Zeitpunkt des Linsendeals größtenteils alles nur um ihn selbst. Ihm war es egal, was seine Entscheidung für Konsequenzen für seinen Bruder haben wird. Hauptsache, er entdeckte und erlebte, was Gott mit ihm vorhatte.

Der Junge sprudelte nicht wirklich von Nächstenliebe über. Doch lieber so, als nur lustorientiert zu leben. Jakob hatte wenigstens einen Wunsch, der ihn antrieb, nämlich den vollen Segen Gottes einzusacken und diesen stolz spazieren zu fahren.

Spannend finde ich den Weg, den Gott mit Jakob in der Folge zurücklegt und den wir schon beleuchtet haben. Schritt für Schritt wurde Jakob zu einem Mann nach dem Herzen Gottes.

Auch in deinem und meinem Leben gibt es Bereiche, in denen wir wachsen müssen. Wer das nicht für nötig hält und denkt, er habe alles im Griff, hat schon verloren.

Seit wir ICF gegründet haben, hegte ich den Traum, auf jeglichen Bühnen der ganzen christlichen Welt zu predigen. Ich, als einfacher Junge aus Buchs, möchte die Welt mit Gottes Botschaft erreichen. Auch wenn dieser Traum jeglichen Umständen widersprach, blieb er hartnäckig in meinem Herzen.

Ich wusste aber, wenn Gott diesen Traum erfüllen sollte, musste ich meine ersten Schritte gehen. Ich konnte nicht einfach Däumchen drehend zu Hause sitzen und davon ausgehen, dass dies dann eines Tages einfach so passieren wird. Nein, ich musste meine Fähigkeiten entwickeln. Ich war noch grün hinter den Ohren. Oder besser gesagt: meine Sprache.

Wie willst du mit Schweizerdeutsch die Welt predigend erobern? Damit schaffst du nicht einmal die ganze Schweiz. So gönnte ich mir in einer ersten Phase Sprechtraining, um mein Schuldeutsch zu pimpen. Mein Ziel war nicht das perfekte Hochdeutsch – mein charmanter Schweizer Akzent diente schon immer als Geheimwaffe im deutschsprachigen Raum –, aber ich wollte mich rhetorisch und sprachlich weiterentwickeln.

Als zweiten Schritt fasste ich die Weltsprache Englisch ins Auge. Nur in dieser Sprache wäre ich in der Lage, überall auf Gottes wunderbarem Planeten zu predigen. Falls er mir eines Tages die Türen öffnen würde, wollte ich allzeit bereit sein. Die grüne Tomate Leo entschied sich mutig, bei einer internationalen Celebration im ICF Zürich auf Englisch zu predigen.

Mein anfängliches Vokabular beschränkte sich praktisch auf «Jesus loves you!». Mehr musste das Publikum ja eigentlich auch nicht wissen. Gut, nach dreißig Minuten und dreihundert Wiederholungen dieses weltverändern-

den Satzes schliefen 95 Prozent der Gottesdienstbesucher den friedlichen Schlaf der Gerechten, doch mein kräftiges «Amen!» weckte sie alle wieder auf. Zum Glück ist Amen universell. Das Wort kann ich. In allen Sprachen.

Munter predigte ich jede Woche, und mit jeder Predigt wuchs auch mein Wortschatz. Immer wieder lernte ich ein neues Wort. Ich wurde von Mal zu Mal besser. Schon bald würde ich Billy Graham Konkurrenz machen.

Jahre später öffnete Gott mir durch einen guten Freund viele Türen im internationalen Bereich, und heute habe ich das Privileg, auf der ganzen Welt Tausenden von Menschen das Evangelium in einer kreativen Art und Weise zu predigen. Gott hat meinen Mut gesehen. Er begleitete mich Schritt für Schritt, und als die Zeit reif war, öffnete er mir Türen.

Wenn du dich in gewissen Bereichen noch unreif fühlst, kein Problem. Geh einfache erste Schritte. Du musst nicht morgen als Popstar in der «Halftime Show» des Superbowls ganz Amerika zum Ausflippen bringen. Es reicht, wenn du einen ersten Schritt in die richtige Richtung gehst.

Willst du ein besserer Vater oder eine bessere Mutter werden und fühlst dich in diesem Bereich noch grün, dann unterhalte dich mit erfahrenen Eltern. Lerne von ihnen und setze einen Punkt um, der bei dir hängengeblieben ist. Hast du den umgesetzt, kannst du den nächsten in Angriff nehmen.

Dasselbe Prinzip gilt für alle Bereiche unseres Lebens. Für unsere Gesundheit, unsere Ehe, unseren Berufsalltag, unsere Beziehungen, unser Glaubensleben, unsere Talente usw. Immer einen Schritt nach dem anderen. Es ist noch kein Superstar vom Himmel gefallen. Jesus ist da wohl die göttliche Ausnahme, um theologisch korrekt zu bleiben.

Jeder hat mal klein angefangen. Sei gnädig mit dir selbst. Schritt für Schritt. Tag für Tag. Und jeder dieser Schritte wird dich zum nächsten führen. Und du wirst an Reife, Weisheit und Autorität zunehmen. Und plötzlich bist du wie Salomo!

SPRÜCHE 4,18–19: «Das Leben derer, die auf Gott hören, gleicht dem Sonnenaufgang: es wird heller und heller, bis es völlig Tag geworden ist. Aber das Leben derer, die Gott missachten, ist wie die finstere Nacht: Sie kommen zu Fall und wissen nicht, worüber sie gestolpert sind.» (GNB)

Rebekka – die Phase einer ungenießbaren Tomate

Jede gute Geschichte hat eine Mutter. Rebekka symbolisiert die Phase der ungenießbaren Tomate. Sie sieht zwar schön aus, doch wenn du hineinbeißt, ist sie ungenießbar. Wähh! Du spuckst sie wieder aus. Rebekka war grundsätzlich gut mit Gott unterwegs, aber wenn es um ihre Kinder ging, war sie alles andere als fair. Sie behandelte ihre Kinder nicht gleich.

Esau wird von Big Daddy Isaak zur Jagd gesandt. Der Älteste soll ihm einen fetten Braten zubereiten. Und beim gemeinsamen Schmaus will Isaak Esau anschließend den väterlichen Segen geben. Fairer Deal.

Rebekka lauscht gerne. Dank ihrem Hobby kriegt sie das Vorhaben mit und zitiert nun ihrerseits ihren Lieblingssohn Jakob herbei. In bester Seifenoper-Manier sagt sie zu ihm:

1. MOSE 27,6–10: «Ich habe gehört, wie dein Vater zu deinem Bruder Esau sagte: ‹Jage mir ein Stück Wild und bereite es mir gut zu. Ich will mich stärken und dir den Segen des Herrn weitergeben, bevor ich sterbe.› Darum hör auf mich, mein Sohn, und tu, was ich dir sage: Hol mir von der Herde zwei schöne Ziegenböckchen! Ich werde sie zubereiten, wie es dein Vater gern hat, und dann bringst du sie ihm, damit er sich stärkt und dich vor seinem Tod segnet.» (DGN)

Was ist nur in Rebekka gefahren? Sie hatte wohl genug von Esau, der sich ihren Wünschen widersetzte. Gut, mit vierzig macht man halt nicht mehr immer, was Mutti sagt. Auf jeden Fall lesen wir an einer anderen Stelle, dass sich Esau mit Frauen aus einem anderen Stamm vermählte, obwohl es der ausdrückliche Wunsch der Mutter war, dass ihre Söhne sich mit Frauen aus demselben Stamm wie dem ihrer Vorfahren vermählen. Da war also Feuer unter dem Dach.

Rebekka hatte genug von den Eskapaden ihres Ältesten und setzte ihre Hoffnungen in Jakob. Der gehorchte wenigstens. Auch noch mit vierzig Jahren. Ja, Mami!

Trotz allem, fair ist es nicht, und sie symbolisiert den ungenießbaren Zustand, in dem auch wir in der Gefahr sind, bald zu landen. Nämlich dann, wenn wir nicht vergeben, dunkle Sachen in unserem Herzen liegen bleiben und wir der Bitterkeit statt der Liebe mehr Platz geben.

Jesus beschreibt diesen Zustand im Buch der Offenbarung folgendermaßen:

OFFENBARUNG 3,15–16: «Ich weiß, wie du lebst und was du tust; ich weiß, dass du weder kalt noch warm bist. Wenn du doch das eine oder das andere wärst! Aber weil du weder warm noch kalt bist, sondern lauwarm, werde ich dich aus meinem Mund ausspucken.» (NGÜ)

Junge, da teilt Jesus aber aus! Das ist definitiv kein Weichspüler-Evangelium. Wer sich ein bisschen im frommen Milieu auskennt, weiß, dass dies der Lieblingsvers von vielen alten Schlachtrössern der christlichen Zelt-Evangelisation ist. Auf Großveranstaltungen machen sie den Zuhörern klar, dass sie sich jetzt entscheiden sollen. «Entweder seid ihr heiß für Jesus, und wenn nicht, dann zeigt ihr ihm besser die kalte Schulter, als einen lauwarmen Glauben zu leben.»

Doch leider wird dieser Vers meistens falsch verstanden und ausgelegt. Um zu verstehen, was Jesus wirklich meint, müssen wir den Ort unter die Lupe nehmen, wo sich die Kirche befand, an die der Brief aus der Offenbarung adressiert war.

Laodizea war eine antike Stadt zur Zeit von Jesus. Sie war ein wirtschaftliches Zentrum in der Provinz Asia. Doch die Menschen in der Stadt Laodizea hatten ein großes Problem: Wassermangel. Und genau in dieser Not der Stadt liegt der Schlüssel, um diese Stelle richtig zu verstehen.

Zehn Kilometer nördlich der Stadt lag Hierapolis. Dieser Ort verfügte über warme Quellen, ähnlich wie Leukerbad in der Schweiz oder Baden-Baden in Deutschland. So fuhren viele Menschen aus Laodizea regelmäßig nach Hierapolis, um sich dort eine Badehaube überzustülpen und sich beim Dampfbad zu erholen. Ahhh!

Diese warmen Quellen waren aber noch mehr als ein spaßiges Sprudelgeblubber. Sie besaßen heilende Kräfte. Sechzehn Kilometer östlich von Laodizea lag Kolossä. Dieses hübsche Städtchen lockte wiederum mit kühlen, erfrischenden Quellen. Was machten die Menschen aus Laodizea? Sie bauten Aquädukte – überirdische Wasserkanäle – und transportierten das warme sowie das kalte Wasser in ihre Stadt.

Clever? Nicht unbedingt. Denn das heiße wie auch das erfrischende Wasser wurden auf dem Weg an ihr Ziel lauwarm. Vielen wurde beim Trinken davon schlecht, und manch einer übergab sich nach dem Umtrunk an der nächsten Häusermauer. Air-Freshener-Duftsprays wurden dementsprechend häufig nach Laodizäa geliefert …

Wenn Jesus an diese Stadt schreibt, braucht er ein gängiges Bild, um verständlich zu machen, was er ihnen eigentlich sagen will. Wenn Jesus von kalt oder warm spricht, meint er nicht den Grad ihrer Beziehung zu ihm. Es geht auch nicht nur um das zukünftige Seelenheil, wie es oft verstanden wird; es geht ihm schlicht und einfach vor allem um den Einfluss der Gemeinde in der Stadt.

Die Gemeinde Laodizea hatte ihren positiven Einfluss in der Umgebung verloren und keine Strahlkraft mehr. Und wenn sie ihren Einfluss nicht zurückholen, dann, sagt er zu ihnen, sind sie wie das Wasser der Stadt: lauwarm. Das Wasser hat seine Bestimmung verloren und wird nur noch erbrochen.

Da dieser Brief in der Bibel überliefert ist, gilt er auch dir und mir. Könnte es sein, dass wir als Kirche und als einzelne Christen unseren Einfluss in der Gesellschaft verloren haben? Halten wir uns wie Rebekka an einer selbstgemachten Hoffnung fest, statt auf Gott zu schauen und ihm zu vertrauen? Wegen unseren Verletzungen und unseren negativen Erfahrungen nehmen wir die Sache selbst in die Hand und machen noch das Beste aus der Situation. Wir werden unfair und handeln unüberlegt. Trotz guter Absichten werden wir ungenießbar.

Schauen wir die Wasserquellen näher an: Warmes Wasser steht für Heilung. Durch das Bild des warmen Wassers sagt Jesus zu der Gemeinde: Ihr seid als Kirche kein Ort mehr, an dem Menschen Heilung und Vergebung erleben, Hoffnung finden und Wiederherstellung erfahren.

Rebekka hat die Hoffnung auf ein Wunder für ihren Sohn Esau aufgegeben. Vierzig Jahre sind genug. Statt ihn zu coachen, wurde sie unfair.

Tief in ihrem Herzen verlor sie sogar das Vertrauen in Gott. Gott hatte ihr ja vierzig Jahre zuvor gesagt, dass der Jüngere den Älteren überholen wird. Doch statt das Gott zu überlassen, nahm sie es in die eigenen Hände. Ihre Frustration ist in folgendem Vers klar ersichtlich:

1. MOSE 27,46: «Rebekka sagte zu Isaak: ‹Das Leben ist mir verleidet, weil Esau diese Hetiterinnen geheiratet hat. Wenn auch noch Jakob eine Frau aus dem Land hier nimmt, möchte ich lieber gleich sterben.›» (GNB)

Kaltes Wasser steht für Erfrischung. Die Kirche inspiriert die Menschen nicht mehr, noch erfrischt sie ihr Leben oder ihre Beziehungen. Immer mehr ist die Kraft der Ermutigung, der Freude und der Fröhlichkeit verloren gegangen. Die Kirche ist nicht mehr kreativ. Sie nährt keine Träume mehr und bringt die Menschen nicht mehr weiter.

Durch seine bildliche, zeitlos relevante Aussage will Jesus die Kirche und uns wieder motivieren, die Gesellschaft mutig zu prägen.

Egal, wie viel Frust du erlebt hast und welche negativen Spuren das Leben in deinem Herzen hinterlassen hat, verschließ es nicht. Gott will nichts mehr, als in hoffnungslosen Situationen Heilung und Veränderung zu schenken. Dein Leben ist ihm zu wertvoll, als dass du es auf dem Abstellgleis verbringen wirst. Er wird dir Recht verschaffen.

Doch sobald du dein Recht selbst in die Hand nimmst und wie Rebekka unfair die Initiative ergreifst, wird sich Gott zurückziehen. Seine erfrischende Kraft wird ausbleiben, dein Glaube wird einflusslos, und es ist nur eine Frage der Zeit, bis du ungenießbar wirst.

Sprich mit einem Freund, einer vertrauten Person über deine Verletzungen. Erlebe die heilende Kraft von Jesus und lass dich inspirieren. So wirst du für andere wieder zu einer Erfrischung.

Isaak – die Phase einer genießbaren Tomate

Isaak liebte Gott, suchte stets seine Weisungen und seine Führung. Er steht für eine genießbare Tomate. Isaak ist ein mündiger Christ und dient als Vorbild. Er ist ein Mann, an dem man sich orientieren kann.

Paulus fordert uns heraus, selbst zu mündigen Christen zu werden. Wir lesen:

KOLOSSER 1,28: «Diesen Christus verkünden wir. Mit aller Weisheit, die Gott mir gegeben hat, ermahne ich die Menschen und unterweise sie im Glauben, damit jeder Einzelne durch die Verbindung mit Christus reif und mündig wird.» (Hfa)

Unsere Kirche ist für mich ein Ort, wo ich meinen Glauben nähren, neue Orientierung bekommen und mich immer wieder auf Gott fokussieren kann. Ohne die regelmäßigen Besuche einer lebendigen und erfrischenden Celebration würde ich mich im Dschungel des Lebens verlaufen. Ich brauche diese Zeiten, um im Glauben zu wachsen.

Und wenn unser Glaube wächst, werden wir zu mündigen Menschen. Mündig, unser Leben zu leben, uns erfolgreich den Herausforderungen zu stellen und das Beste aus ihnen herauszuholen. Eigentlich ist es einfach:

Nähre deinen Glauben an Gott, und deine Ehe wird besser, dein Alltag wird an Qualität zunehmen, und du wirst ein besserer Vater, Ehemann, Sohn, Schüler, Chef, Arbeiter, eine bessere Mutter, Ehefrau, Tochter, Schülerin, Geschäftsfrau.

Je größer dein Glaube, desto mündiger bist du, desto besser kannst du dein Leben meistern, desto weniger schaffen es negative Situationen und Menschen, deine Energie, Kraft und Lebensfreude zu rauben.

Je mehr du dich auf den Glauben an Gott und seine Gedanken fokussieren kannst, desto weniger lässt du dich von den negativen Stimmen um dich herum beeinflussen.

Nicht Menschen entscheiden, wer und was du bist. Egal, was sie über dich sagen und denken, Gott entscheidet!

Darum entscheide dich, regelmäßig einen inspirierenden Gottesdienst einer Kirche zu besuchen, die sich auf die Bibel beruft. Setze dich dem Reden Gottes aus und wachse dadurch im Glauben. Menschen wollen von dir lernen. Gib ihnen die Gelegenheit dazu, indem du den Weg der reifen Tomate einschlägst.

EPHESER 4,13: «Wir sollen zu mündigen Christen heranreifen, zu einer Gemeinde, die [Jesus] in seiner ganzen Fülle widerspiegelt.» (Hfa)

DER ZWEITE SEGENSRÄUBER: EXTREME

«Wenn du in deinem Leben vor einem großen Hindernis stehst oder eine Enttäuschung erlebst, lass dich nicht entmutigen. Gott will deine Not gebrauchen, um dich durch sie weiterzubringen.»

Reinhard Mey, deutscher Troubadour, singt in seinem Gassenhauer:

«Über den Wolken muss die Freiheit wohl grenzenlos sein. Alle Ängste, alle Sorgen, sagt man, blieben darunter verborgen. Und dann würde, was uns groß und wichtig erscheint, plötzlich nichtig und klein.»

Wenn du über den Wolken in einem Flugzeug sitzt, mag das zutreffen, vorausgesetzt, das Teil macht nicht gerade auf Wikingerschaukel. Damit ein Flugzeug einen sicheren Flug hinlegen kann, ist es entscheidend, dass der Blechvogel «im Kreuz bleibt», was bedeutet, dass die Flügel mit dem Bug- und Heckteil des Fliegers ausgewogen sind. Wenn der Hobbypilot zu viel Gewicht lädt und das Heck deshalb zu stark nach unten zieht, fällt der Flieger aus dem Kreuz. Dasselbe passiert, wenn er sich nach dem Mittagessen ein Nickerchen gönnt, den Steuerknüppel nach vorne drückt und der Bug absackt. Der Flieger ist aus dem Kreuz.

Dieses stark vereinfachte Bild können wir auf unser Glaubensleben anwenden: Wenn wir zu fest «buglastig» – sprich: kopflastig – leben, fallen wir früher oder später aus dem Gleichgewicht. Ebenso ist es, wenn wir uns «hecklastig» nur an unserem Bauchgefühl orientieren und jegliche Vernunft ausblenden.

Jesus sagt in der Bibel:

JOHANNES 15,9–11: «Wie mich der Vater geliebt hat, so habe ich euch geliebt. Bleibt in meiner Liebe! […] Ich sage euch das, damit meine Freude euch erfüllt und eure Freude vollkommen ist.» (NGÜ)

Bleib im Kreuz, schön ausnivelliert. Bleib bei Jesus und meide die Extreme. Entscheide dich dafür, deine Fragen kopf- und gefühlsorientiert zu beantworten.

So findest du die Antworten und sicher den Weg zum nächsten Flughafen. Aye, Captain!

PREDIGER 7,18: «Es ist gut, wenn du dich an beides hältst und die Extreme meidest.» (Hfa)

Esau war ein Mann der Extreme und verlor in Schlüsselmomenten jeglichen Bezug zur Realität. So verspielte er sich seine Zukunft, sein Erbe und auch den Segen Gottes. Er kommt aus dem Kreuz und kann nur noch zusehen, wie seine Zukunft eine Bruchlandung erlebt. Kawumm! Wie konnte das nur passieren?

Esau kommt nach der Jagd nach Hause, hat Kohldampf und erschnüffelt den Eintopf von Küchenchef Jakob:

1. MOSE 25,30: «Lass mich schnell etwas von der roten Mahlzeit da essen, ich bin ganz erschöpft.» (Hfa)

Er ist ganz erschöpft. Er braucht JETZT was! Er hat so Hunger, dass er vor lauter Durst gar nicht mehr weiß, was er rauchen soll, so müde ist er.

Er war fix und foxi. Flasche leer. Er wollte nur noch essen. Koste es, was es wolle!

Jakob erkennt die Situation und denkt: «So, jetzt ist meine Zeit gekommen!», und sagt zu seinem Bruder:

1. MOSE 25,31–32: «‹Nur wenn du mir dafür das Vorrecht überlässt, das dir als dem ältesten Sohn zusteht!›, forderte Jakob. ‹Was nützt mir mein Vorrecht als ältester Sohn, wenn ich am Verhungern bin!›» (Hfa)

Ja, ist doch logisch! Was nützt es, wenn Gott sagt: «Ich versorge dich!», und ich habe kein Geld auf dem Konto? Was nützt es, wenn Gott sagt: «Es ist nicht gut, wenn Mann und Frau alleine sind!», und ich bin so verzweifelt, dass ich schon mit meinem Staubsauger flirte? Was nützen all die Verheißungen Gottes für die Zukunft, und ich befinde mich in der bescheidenen Gegenwart?

Ja, «Sternenfoifi», was nützt es, heinomal? Wenn wir nur den Moment anschauen, macht die Aussage von Esau Sinn. Jeder von uns steht in der Gefahr, aus der momentanen Situation heraus wegweisende Entscheidungen falsch zu fällen. Und genau das will der Teufel, der Gegenspieler von Gott. Er lenkt uns geschickt in solche Situationen und stellt uns emotional in eine Pattsituation. Von der Logik her macht eine andere Entscheidung null Sinn, und wir setzen unsere Zukunft, den Segen Gottes und seine Verheißungen aufs Spiel und sind am Ende die Gelackmeierten.

Der Teufel erscheint ganz am Anfang der Bibel als Schlange.

1. MOSE 3,1: «Die Schlange war das klügste von allen Tieren des Feldes, die Gott, der Herr, gemacht hatte. Sie fragte die Frau: Ja, sollte Gott gesagt haben: Ihr sollt nicht essen von allen Bäumen im Garten?» (GNB + LUT)

Die Schlange versuchte Eva mit einer solch präzisen Logik, dass Eva gar nicht anders konnte, als das Angebot der Schlange anzunehmen. Ein Angebot, das sie den Aufenthalt im Paradies kostet. So versucht die Schlange auch uns. Eine dicke, fette Boa schlingt sich heimtückisch und langsam um unseren Körper und unsere Seele, und wenn wir ausatmen, zieht sie sich zusammen, und uns bleibt die Luft weg. Wir laufen blau an, kippen um und hören die Engel singen. Licht aus.

Wir atmen geistlich gesehen aus, und schon zieht sich die Versuchung um uns herum zu, und wir sind nicht mehr in der Lage, von neuem geistlichen Atem zu holen.

Dieses Ausatmen ist brandgefährlich. Wir atmen aus und sagen dabei: «Pfffff, zum Glück ist Freitag, schon bald Wochenende. Pffff, zum Glück sind die Prüfungen vorbei. Pffff, ich hab alles geschafft, endlich kann ich mich gehen lassen. Pffff.»

Genau in dem Moment, als Esau von der Jagd nach Hause kam und das Hülsenfruchtdinner roch, atmete er aus und sagte: «Pffff, endlich von der Jagd zurück. Ich hab genug gemacht. Nur noch essen.» Da war sie, die Schlange, und zog zu! Esau ging die Puste aus. Kein geistlicher Sauerstoff mehr im Großhirn. Das klare Denken hatte sich vom Acker gemacht.

So ist es auch bei uns. Der Teufel drückt dann zu, wenn wir ausatmen, uns gehen lassen; wenn die Anspannung vorbei ist. Der Teufel greift nicht an, wenn wir mit viel Luft in der Lunge für Gott Vollgas geben und die Welt für ihn aus den Angeln heben. Nein, er attackiert in den stillen und heimlichen Momenten unseres Lebens, in Momenten der Einsamkeit und der Leere. In den Momenten, in denen wir uns unbeobachtet fühlen, da schlägt er zu! Darum ist es so unglaublich wichtig, unsere Momente der Schwäche zu kennen und gerade auch in diesen die gute Luft Gottes weiterzuatmen.

Folgende Fragen können dir dabei helfen:

Die «Wann»-Frage

- Wann werde ich am häufigsten auf die Probe gestellt?
- Welcher Tag der Woche ist kritisch?
- Zu welcher Uhrzeit?

Alle Jahre wieder feiern wir unsere Konferenz. Über fünfzig Kirchen aus dem weltweiten ICF-Movement und viele Gäste aus allen Denominationen kommen zusammen, um Gott zu feiern und die Zeit des Jahres miteinander zu erleben. Siebentausend Menschen gehen ab wie Zäpfchen! Und ich mittendrin.
Schon Wochen zuvor kann ich diese Tage kaum erwarten und freue mich wie ein Schnitzel! Ein genialer Event. Ich liebe den Trubel! All die Menschen, von einem Gespräch zum anderen, dann auf die Bühne, Moderieren, nächstes Gespräch, Videoaufnahmen, wieder eine Moderation oder sogar eine Predigt, wieder ein weiteres wichtiges Gespräch usw.

Nach so einem Konferenztag fliege ich förmlich nach Hause. Und das ohne Red Bull. Ich komme kaum herunter, und ehe ich es realisiere, hat der zweite Konferenztag schon wieder begonnen, und das Rad dreht sich weiter. Ich schwimme mit dem Flow und bin einfach nur glücklich!

Sonntagabend spät ist die Konferenz für mich zu Ende, und ich habe fertig. Der Körper schwelgt immer noch in tausend Glücksgefühlen. Am Montag ist der ganze Rummel vorbei.

Mein heikler Tag ist nicht der Montag. Da verfüge ich noch über genug Restenergie vom Wochenende her. Dann kommt der Dienstag, und eine kleine Energiekrise bahnt sich langsam den Weg durch die müden Knochen. Am Mittwoch tanzt die Boa an. Ich möchte ausatmen, mich gehen lassen.

Meine große Versuchung sind die Social-Media-Plattformen. Wenn ich an meinem Boa-Tag auf Instagram rumsurfe, erwischt sie mich. Ich sehe plötzlich all die Menschen – und wie toll ihr Leben ist. Und obwohl ich ein

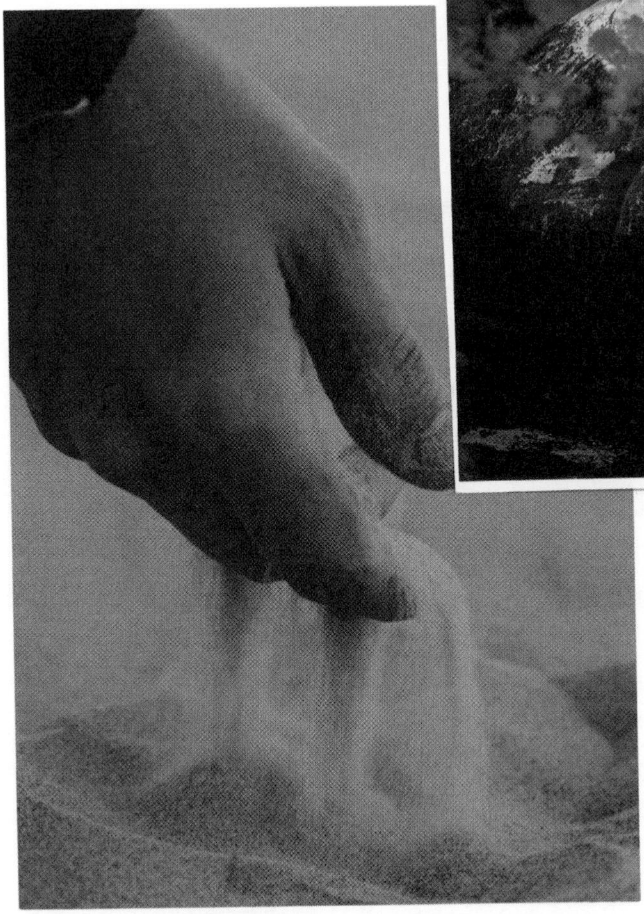

sehr gesegnetes Leben führen darf, verliere ich genau in einem solchen Moment jeglichen Bezug zur Realität. Stattdessen gehen mir folgende Gedanken durch den Kopf:

«Warum hat der Urlaub und ich nicht? Was der schon wieder für ein Auto fährt, ich möchte auch so eines. Warum lässt der sich gerade Kräuterstempel setzen, und ich jage von einer Sitzung zur anderen? Warum sind alle so gesegnet, nur ich nicht?»

Die Schlange schlingt sich von Post zu Post langsam um mich herum, und ehe ich mich's versehe, atme ich endgültig aus – und sie zieht zu. Ich befinde mich im tiefsten Selbstmitleidsloch mit Opfer-Abo für ein ganzes Jahr. Ich habe gelernt, Alter! Ich weiß unterdessen, wann meine heiklen Momente sind. An welchem Tag ich es besser unterlasse, gewisse Dinge zu tun, weil sie mir und meiner Seele schlussendlich schaden.

Die «Wo»-Frage:

- Wo werde ich am häufigsten in Versuchung geführt?
- Ist es am Arbeitsplatz? Zu Hause? In der Einsamkeit? Beim Feiern? Oder im Urlaub?

Eines Sonntags quatschte mich Sebastian, ein lockerer fresher Typ, an: «Leo, ich habe eine heiße Freundin am Start, und ich liebe sie über alles. Für uns ist klar: Wir werden heiraten. Ebenso klar ist, dass wir mit dem Sex bis zur Ehe warten wollen. Voll Old School. Cool oder? Im Sommer fahren wir gemeinsam in den Badeurlaub, ya, Mann! Hast du noch einen Ratschlag für uns, damit wir das mit dem Sex auch sauber durchziehen können, großer Häuptling?»

Vor meinen Augen spulte sich ein Film ab. Ich sah an ihrer Stelle mich und Susanna als achtzehnjährige Teenager am Strand, spitz wie Nachbars Lumpi. Ich schaute Sebastian an und dachte nur:

«Ich weiß nicht, wie du bist als Mann, aber ich bin ein Bulle. Und wenn ich jetzt mit meiner Freundin an den Strand fahre, wo sie den ganzen Tag ihren knapp geschnittenen Bikini spazieren führt, sich ihre Kurven vor flacher Sandkulisse so göttlich abheben, mein lieber Scholli! Ganz ehrlich, ich würde jegliche Vorsätze innerhalb von Sekunden über Bord werfen!»

Endlich machte ich meinen Mund auf und sagte: «Wie wäre es mit Umbuchen – Antarktis zum Beispiel? Da ist es auch schön, Whale-Watching!»

Wenn du Grundsätze hast und dich danach richten willst, dann musst du auch danach handeln. Dann liegen solche Späße schlichtweg nicht drin.

Dann wartet man besser mit dem gemeinsamen Urlaub, bis er den Titel «Flitterwochen» verdient.

1. KORINTHER 10,13: «Gott steht treu zu euch. Er wird auch weiterhin nicht zulassen, dass die Versuchung größer ist, als ihr es ertragen könnt. Wenn euer Glaube auf die Probe gestellt wird, schafft Gott auch die Möglichkeit, sie zu bestehen.» (Hfa)

DER DRITTE SEGENSRÄUBER: GLEICHGÜLTIGKEIT

Die tiefe Wahrheit Gottes über deinem und meinem Leben ist folgende:

Gott will etwas mit dir bewegen.

Esau pfiff drauf. Das ist der Grund, warum Gott sauer wurde. Dies ist, so vermute ich, der Grund für den Hass Gottes auf ihn.

Gott hat uns nie ein gemütliches, fehlerfreies und leichtes Leben versprochen. Er weiß, dass wir Zeiten durchleben, in denen wir in der Gefahr stehen, unseren Glauben an den Nagel zu hängen und das Abenteuer mit ihm aufzugeben. Doch Gott gibt uns nie auf, egal was passiert. Er ruft uns immer wieder zurück.

Tappe nicht in die Falle der Gleichgültigkeit. Entscheide dich gegen den einfachen Weg. Es lohnt sich hundertfach, für den Segen in unserem Leben zu kämpfen.

Gleichgültigkeit ist das Ende jeglicher Kommunikation. Da ist nichts mehr, auf dem du aufbauen, streiten oder dich weiterentwickeln kannst. Gleichgültigkeit tötet alles.

Nach einer ICF-Konferenz war ich mit einem guten Freund unterwegs, der nicht aus der Schweiz stammt. Ich wollte ihm mein schönes Land auf dem Servierteller präsentieren und organisierte einen Harley-Davidson-Trip. So sind wir zwei ganz locker lässig durch die Schweiz gedüst. Dazu lief im Radio «Wir sind die Coolsten, wenn wir cruisen».

In einer kleinen Stadt wollten wir ein Päuschen einlegen und ein lecker Käffschen trinken. Doch wir suchten vergeblich nach einem Parkplatz. Deshalb stellten wir unsere heißen Stahlrösser auf den Bürgersteig.

Ich zog den Helm aus, schüttelte meine blonde Mähne gekonnt gegen den Fahrtwind und machte mich auf in Richtung Café. Wie aus dem Nichts tauchte eine ältere Dame auf und herrschte mich an: «Sie dürfen da nicht parken!»

Kein Grüezi, nichts. Einfach mal losmaulen.

Ich dachte nur: «Liebe Frau, genau aus diesem Grund habe ich ein Motorrad! Das kann man überall parken. Aber das verstehen Sie wohl nicht. Ein Auto, das stimmt, stellt man nicht hier ab. Aber es ist ein MOTORRAD!!! Und mit dem kann man sich in einer Autokolonne auch vordrängeln. Darum fahre ich diese Harley, okay!?!»

Doch ich hielt mich an die Schweizer Tugend der Freundlichkeit, an der es meinem Gegenüber anscheinend mangelte, behielt meine Gedanken für mich, lächelte sie mit gewinnendem Gesichtsausdruck spitzbübisch an und flötete: «Ja, ja! Einen schönen Tag noch!» – und lief davon.

Doch sie ließ nicht locker, verfolgte mich und sagte: «SIE!! Ich habe Ihnen doch gesagt, Sie dürfen da nicht parken!»

Ich, schon ein bisschen geladen, habe ja diesen Trip auch gemacht, um mich von der Konferenz zu erholen, schaue ihr also etwas tiefer in die Augen und frage: «Gehört Ihnen das Trottoir?»

Sie: «Nein!»

Und ich: «Sehen Sie! Oder sind Sie etwa Polizistin?»

Und plötzlich überrascht mich ein Gedanke, der sagt: «Leo, Bruder, nicht überbeißen. Du hast eine Konferenz hinter dir, du bist am Ausatmen und gerade drauf und dran, einen Fehler zu machen. Gang runterschalten und locker aus dem Handgelenk aus dieser Geschichte rauskommen.»

Okay, vielleicht nicht mit größtmöglicher Motivation schaute ich sie lieb an, dankte für den Hinweis, stieg auf mein Motorrad und fuhr davon.

Ehrlich gesagt drehte ich innerlich immer noch voll am Rad und hatte nach wie vor keinen blassen Schimmer, wo wir unsere Maschinen abstellen sollten. Kam jetzt noch hinzu, dass ich dringend mal sollte. Durst, mal müssen und Müdigkeit, keine guten Voraussetzungen, um auf Parkplatzsuche zu gehen.

Zum zweiten Mal an diesem Tag tauchte aus dem Nichts eine Person auf. Diesmal kein Mütterchen, sondern ein Mann in Motorradausrüstung. Ich fragte ihn, ob es hier irgendwo Motorradparkplätze geben würde.

Er antwortete: «Nein, das haben wir hier nicht!»

Das brachte das Fass zum Überlaufen. Ich organisierte eine kleine Rede im Hirn und sortierte die Worte schon mal auf der Zunge. Worte wie «hässlichste Stadt der Welt», «bescheuerte Menschen» und «ihr seid hier ja alle soooo doof».

Und gerade, als ich mit meiner Gardinenpredigt losschießen wollte, sagte der junge Mann freundlich: «Danke!»

Bevor ich reagieren konnte und mir wie auf einen Schlag bewusst wurde, was für ein Theater ich hier am Vorführen war, sagte er weiter: «Danke für

die Predigt, die Sie vor ein paar Wochen in Hannover gehalten haben. Sie hat mein Leben verändert.»

Ich wurde schneeweiß.

Und er hakte nach: «Sie sind doch der Leo Bigger?»

Und ich brachte nur noch ein «Ja – gern geschehen!» über meine Lippen.

Dann hat er sich verabschiedet.

Ich schaute mit zitternden Knien gen Himmel und dankte allen Engeln im Universum, die mir gerade noch rechtzeitig den Mund zugehalten hatten. Zum Glück haben sie seit den Löwen in der Grube bei Daniel Übung darin. Das war haarscharf.

Und dann habe ich mich geschämt. Dafür, dass mir in diesem Moment alles scheibenkleisteregal war, über meine Gleichgültigkeit und den Verlust meines Anstands. Und das mit 48 Jahren.

Ich wollte mein Motorrad hinstellen und habe mich entschieden, schon bevor ich in diese Stadt hineinfuhr: Heute geht es nur um mich. Die Menschen, denen ich begegnen werde, sind mir egal. Ich will meine Ruhe.

Die Gleichgültigkeit hat sich ausgebreitet und dazu geführt, dass eine Parkplatzsuche rasende Wut in mir wecken konnte.

Gleichgültigkeit ist der Anfang vom Ende. Davon kann auch Esau ein Lied singen. Und es ist definitiv kein happyclappy Song:

HEBRÄER 12,17: «Ich wisst, wie es [Esau] später erging: Als er den Segen bekommen wollte, der ihm als dem Erstgeborenen zustand, musste er erfahren, dass Gott ihn verworfen hatte. Er fand keine Möglichkeit mehr, ‹das Geschehene› rückgängig zu machen, so sehr er sich auch unter Tränen darum bemühte.» (NGÜ)

Es tat ihm leid. Doch es war zu spät. Das ist auch eine biblische Wahrheit. Es gibt ein «zu spät». Wie oft haben uns Fehler leidgetan, doch es war zu spät? Uns gewünscht, wir könnten es rückgängig machen, doch es ging nicht! Tränen flossen, Gebete wurden gesprochen, und da war der Wunsch, die Zeit zurückzudrehen, doch es ging nicht.

Darum ist es superwichtig, dass wir die Einfallstore des Teufels kennen. Dass wir um die Momente unserer Schwachheit wissen und vorsorgen, dass wir nicht in solche Situationen geraten wie Esau.

Denn eigentlich sollte in der Bibel stehen: «Ich bin der Gott von Abraham, Isaak und Esau!»

Doch das tut es nicht! Warum? Weil es Esau in diesem einen entscheidenden Augenblick egal war, ob er gesegnet wurde oder nicht.

Ist jetzt die Hoffnung verloren?

Werden wir wegen einer falschen Entscheidung unser Ziel verpassen? Wenn ja, ganz ehrlich, dann würde niemand von uns seinen Lauf im Glauben erfolgreich beenden. Klar, wir müssen unsere Herausforderungen kennen, um falsche Entscheidungen zu minimieren. Aber am Ende des Tages werden wir unser Ziel nicht aufgrund unserer Leistung, unseres Nein-Sagens oder um unserer Charakterstärke willen erreichen, sondern einzig und allein, weil Gott es will!

Gott will nichts anderes, als dass wir unser Ziel erreichen. Er wird jeden Hebel in Bewegung setzen, damit das geschieht. Und dafür hat er eine Geheimwaffe.

Gnade

Mit Gnade antwortet er immer wieder auf jegliche Fehler, Sünden und falschen Entscheidungen. Das wurde möglich, weil Jesus für alle unsere falschen Entscheidungen vor zweitausend Jahren am Kreuz gestorben ist. Auch für die von Esau. Rückwirkend.

Ich kenne Menschen, die sagen, dass sie das Kapitel «Gott» in ihrem Leben abgeschlossen haben – nicht weil sie nicht mehr an ihn glauben wollen, sondern ganz einfach aus dem Gefühl heraus, dass ihre Fehler und falschen Entscheidungen so immens sind, dass Gott nichts mehr mit ihnen zu tun haben will.

Wenn du zu diesen Menschen gehörst, dann sage ich dir, dass kein gescheitertes Leben, keine gescheiterte Ehe, keine gescheiterten Träume, keine harten Herzen und keine noch so große Verfehlung Gott überraschen. Gott kennt dich, und er weiß um deine Fehler. Und er hat eine Geheimwaffe, mit der er reagieren kann. Seine Gnade. Durch sie stellt er dich wieder auf festen Grund und bringt dich weiter.

Gottes Gnade ist grenzenlos und übersteigt dein Denken. Die Gnade Gottes gewinnt am Schluss immer. Dafür ist Jesus gestorben. Und sein Blut, das er am Kreuz für dich vergossen hat, spricht. – Lass mich dir erklären, was ich damit meine.

Im Alter von etwa 33 Jahren, nach nur drei Jahren Wirkungszeit, wird Jesus als junger Mann ans Kreuz genagelt. Seine Jünger, die ihm nachgefolgt sind, verstehen die Welt nicht mehr. «Warum muss Jesus jetzt sterben?», fragen sie sich. Und gleichzeitig denken sie: «Das Spiel ist aus. Wir haben verloren.» Die Jünger gaben die Hoffnung auf, und der Teufel ließ die Korken knallen. Die ganze Armee der Dunkelheit stieß im Augenblick von Jesu Tod an und machte einen auf große Hose.

«Jetzt endlich haben wir den Sohn Gottes besiegt. Jetzt haben wir es dem großen Chef da oben so richtig gezeigt. Eins zu null für uns. Ey, was geht ab, wir feiern die ganze Nacht!»

Doch mit einem hatten sie nicht gerechnet: Das letzte Wort hat immer Gott.

Warum? Weil das Blut von Jesus weiterspricht.

Die Soldaten töteten zwar den Körper von Jesus, aber nicht sein Blut. Klingt wie in einem Psychothriller. Ist aber noch viel spannender. Drehen wir zum Schluss dieses Kapitels das Rad der Zeit zurück, zu Kain und Abel, den ersten Söhnen von Adam und Eva.

Kain und Abel wuchsen beide bei denselben Eltern auf, mit denselben Prägungen und der gleichen Liebe. Abel wurde Hirte, Kain ein Bauer. Lange Zeit sah alles gut aus, doch eines Tages brachten die Brüder Gott ein Brandopfer dar. Gott nahm das Opfer von Abel an, das von Kain aber nicht. Kain konnte sich nicht beherrschen und ließ seinem Zorn freien Lauf. In seiner Wut erschlug er kurzerhand seinen Bruder Abel mit einem Stein. Nach dieser Tat fordert Gott Kain heraus und sagt zu ihm:

1. MOSE 4,10: «‹Warum hast du das getan?›, sagte der Herr. ‹Hörst du nicht, wie das Blut deines Bruders von der Erde zu mir schreit und Vergeltung fordert?›» (DGN)

Eva verlor an diesem Tag nicht nur einen Sohn, sondern beide. Abel verlor sie durch den ersten Mord in der Geschichte der Menschheit – und Kain durch die Flucht. Kain verließ seine Familie und lebte einsam und verlassen, weit weg von Gott und seiner Familie. Die Konsequenzen seines Fehlers waren gewaltig. Und was Kain nicht konnte, war, das Blut von Abel zum Schweigen zu bringen. Das Blut sprach weiter.

So auch das Blut von Jesus. Jesus bringt durch seinen Tod und durch das Vergießen seines Blutes endlich die lang geforderte Vergeltung von Abels Blut und von all dem Blut, welches bis heute durch Mord, Tod und Ungerechtigkeit vergossen wurde. Jesus als unschuldiges Opfer bringt die lang geforderte Vergeltung für all die Sünde, all das Schlechte, all das Grausame, Hoffnungslose und Böse der Menschheit.

Das Blut von Jesus spricht.

Es spricht uns Menschen frei von jeglicher Vergeltung, die unsere Sünden fordern. Dank dem Blut von Jesus, welches am Kreuz von Golgatha vergossen wurde, ist uns vergeben. Wir sind erlöst. Das Blut von Jesus

spricht weiter und ist stärker als jede Krankheit, jede Gegenwehr und jede Vergeltung, die gefordert wird – es ist sogar stärker als der Tod.

Kehren wir zurück zur wilden Party nach dem Tod Jesu. Die Dämonen und der Teufel verteilen noch immer munter «High Fives», und unterdessen liegen heftige Rauchschwaden in der Luft wegen der vielen gezündeten Böller.

Doch plötzlich entdecken sie in der Ferne durch die Schwaden eine Gestalt. Die Party wird unterbrochen. Die Person kommt näher, und dann plötzlich realisieren sie: ER ist es! Jesus! Ihre Herzen schlagen laut, die Furcht kehrt auf ihre Gesichter zurück, denn ihr größter Albtraum ist zurückgekehrt. Sie haben gedacht, dass sie Jesus getötet und besiegt hätten, aber Jesus steht da vor ihnen, lebendiger denn je, schaut ihre von Furcht ergriffenen Gesichter an und sagt (in etwa) Folgendes:

«Sorry, die Party ist vorbei. Ihr könnt die restlichen Böller und den Champagner eintüten und die Kerzen auspusten. Ich bin zurück. Ich lebe. So was von!»

Jack Bauer aus der Serie «24» verblasst vor Neid bei diesem großartigen Auftritt zum Ende.

Wer mit Jesus lebt, der kann sich etwas fett auf die Fahne schreiben:

Am Schluss kommt alles gut. Wenn es noch nicht gut ist, dann ist es noch nicht der Schluss.

Jesus besiegt die Sünde durch sein Blut und besiegt deren Konsequenzen, indem er den Tod besiegt und von den Toten zurück ins Leben kommt. Johannes, der Verfasser des letzten Buches der Bibel, beschrieb es so:

OFFENBARUNG 1,14–18: «Das Haar auf seinem Kopf war weiß wie schneeweiße Wolle, und seine Augen glichen lodernden Flammen. Seine Füße glänzten wie Golderz, das im Schmelzofen glüht, und seine Stimme klang wie das Tosen einer mächtigen Brandung. Sein Gesicht leuchtete wie die Sonne in ihrem vollen Glanz. Bei seinem Anblick fiel ich wie tot vor seinen Füßen nieder. Doch er legte seine rechte Hand auf mich und sagte: ‹Du brauchst dich nicht zu fürchten! Ich bin der Erste und der Letzte. Ich bin der Lebendige. Ich war tot, doch nun lebe ich in alle Ewigkeit, und ich habe Macht über den Tod und die Totenwelt.›» (GNB)

Weiter lesen wir in der Bibel:

RÖMER 8,29: «Denn Gott hat sie schon vor Beginn der Zeit auserwählt und hat sie vorbestimmt, seinem Sohn gleich zu werden, damit sein Sohn der Erstgeborene unter vielen Geschwistern werde.» (NLB)

Esau hat sein Erstgeburtsrecht verspielt. Wir können von Esau lernen, indem wir unsere schwachen Momente kennen. Und indem wir auf unser Herz achtgeben und unser Bestes geben mit dem Ziel, ebenfalls eine reife und inspirierende Persönlichkeit wie Isaak zu werden. Doch was wir nie können, ist: unser Erstgeburtsrecht aufs Spiel setzen.

Mit unserem Glauben an Jesus haben wir die Gnade Gottes auf unserer Seite. Eine Gnade, die uns immer wieder zurück ins Spiel des Lebens bringt. Der Feind mag rauben und stehlen, doch am Ende wird er verlieren, und Gott wird durch seinen Sohn Jesus als Sieger in unserem Leben hervorgehen.

Halte an Jesus fest, und Gott wird auch deine Geschichte zu einem Happy End führen. Was Hollywood kann, hat er erfunden!

jeder tag zählt

KAPITEL 5

Leider denken immer noch viele, dass man Gottes Herrlichkeit nur am Sonntag in der Kirche von 9 bis 10 Uhr oder bei superfrommen Halleluja-Events erleben kann. Doch wenn wir die Bibel genau studieren, realisieren wir schnell, dass Gott sehr oft zu Menschen direkt an ihrem Arbeitsplatz sprach.

Nehmen wir zum Beispiel Mose. Er hütet artig seine Schäfchen. Es ist Montagmittag gegen 3 Uhr. Plötzlich fängt ein Dornbusch neben ihm zu brennen an. Kurze Panik. Mose will ihn löschen und macht schon mal seine Hose auf. Doch dann hört er eine Stimme aus dem Busch. Gott höchstpersönlich. Noch größere Panik.

David hütet ebenfalls die Schafe, als er von seiner Arbeit weggeholt und zum König des Volkes Gottes gesalbt wird.

Wenn du also ein krasses Gotteserlebnis am Arbeitsplatz erleben willst, lässt du dich am besten zum Schäfer ausbilden. Oder du wirst Fischer.

Petrus, Andreas, Johannes und Jakobus hat Jesus bei ihrer alltäglichen Arbeit angesprochen und sie eingeladen, den Fischen Adieu zu sagen und neu die Netze der Liebe auszuwerfen, um Menschen für ein Leben mit Gott zu begeistern. Auch Matthäus überrascht er am Arbeitsplatz am Zoll und beruft auch ihn als Jünger.

Gott will auch dir in deinem Alltag begegnen

Egal, wie intensiv und abgespacet deine persönliche Zeit mit Gott am Sonntag war, Gott will an deinem Arbeitsplatz, zu Hause als Mutter oder Vater, in der Schule, an deiner Lehrstelle oder unterwegs in deinem Alltag zu dir sprechen, dich trainieren und weiterbringen. Spitz deine Ohren und staune, was Gott dir in deinem Alltag zu sagen hat.

Gott hat in deiner Vergangenheit gesprochen, er wird es in der Zukunft tun, und er tut es auch heute hier und jetzt. Ich erkläre dir das anhand von zwei Kühlschränken. Kühlschränke eignen sich wunderbar, um mit Magneten Karten dranzuheften.

Kühlschrank Nr. 1

Kühlschrank Nr. 1 ist der Kühlschrank der Erinnerung. An dieser Tür siehst du die Einladungskarte für eine Hochzeit, bei der du vor Kurzem bis in die Puppen mitgefeiert hast, eine Karte mit einem putzigen neugeborenen Baby mit der völlig überflüssigen Kilogramm-Angabe oder, nicht zu vergessen, all die Zeichnungen deiner Kinder, auf denen du mit sehr viel Fantasie

Häuser, Wolken, Vögel, Sonnenstrahlen und Menschen vage erkennen kannst; und in der Mitte steht gekritzelt: «Mahmi ich libe Tiich!»

Dieser Kühlschrank steht für all die Dinge, an die wir uns gerne erinnern. Jeder hat in seinem Leben Momente, für die er dankbar ist und die sein Leben positiv beeinflusst haben. Auf der anderen Seite haben wir den

Kühlschrank Nr. 2

Dieser Kühlschrank symbolisiert die Zukunft. All die Dinge, die wir uns wünschen. Es kann sein, dass dort ein Foto deines Traumautos hängt oder die Karte des Grand Canyons, den du mal mit dem Heli halsbrecherisch überfliegen möchtest. Jeden Tag siehst du deine Wünsche, und die Bilder erinnern dich an deine Zukunft.

Wenn wir das Bild der Kühlschränke weiterspinnen, so befindet sich zwischen den beiden ein Graben. Der Graben von der Vergangenheit in die Zukunft, irgendwo im «Nowhereland» – auf Deutsch: in der Pampa. Genau dort spricht Gott am liebsten. In der Pampa bei Mose, David und Jakob.

Jakob begegnet Gott im «Nowhere»!

1. MOSE 28,10–11: «Jakob verließ Beerscheba und machte sich auf den Weg nach Haran.» (Hfa)

Jakob betrügt Esau. Esau wird sauer. Jakob muss fliehen. Er macht sich auf die Socken zu seinem Onkel. Beim Onkel angekommen, sieht er dessen Tochter Rahel. «Lecker Mädchen», denkt Jakob. Rahel hat lange Beine, einen klasse Hüftschwung und kann gut mit den Wimpern klimpern. Einen Augenaufschlag später ist es um Jakob geschehen. Er wurde von Gottes Pfeil getroffen und ist hin und weg. Die oder keine! Die – oder er erfindet das Kloster und wird der erste Mönch der Weltgeschichte.

Er hält um die Hand von Rahel an. Onkel Laban ist einverstanden, er setzt aber den Preis sehr hoch an. Wenn Jakob Rahel will, muss er zuerst sieben Jahre für Laban schuften, ohne Ferien, achtzig Stunden die Woche. Die Gewerkschaft läuft Sturm. Laban ist's egal. Jakob auch. Für Rahel tut er alles!

Nach sieben Jahren geht Jakob zu seinem Onkel, und der löst sein Versprechen ein. Fast. Am Morgen nach der Hochzeit bemerkt Jakob, dass die Frau, die neben ihm die Nacht verbracht hat, gar nicht Rahel ist. Laban hat ihm seine ältere Tochter Lea untergejubelt. Die wollte er loswerden. Sie lag ihm schon viel zu lange auf der Tasche und war nur schwer unter die Haube zu kriegen, da sie nicht mit Schönheit gesegnet war.

Die Frage bleibt: Warum bemerkt Jakob den Schwindel erst am nächsten Morgen? Entweder war Lea unglaublich verschleiert oder Jakob ganz schön verladen. Oder es war unglaublich dunkel. Oder vielleicht alles auf einmal.

Anyway, der angesäuerte Jakob machte sich ohne gemeinsames Frühstück mit Lea gleich auf den Weg, um Laban die Leviten zu lesen. Der Betrüger wurde zum Betrogenen, und das mag er gar nicht. Laban lässt Jakob auflaufen und erwidert trocken: «Jakob, das macht man so! Ist die Ältere noch im Haus, verheiratet man sie zuerst. Und überhaupt, wem hätte ich sie sonst geben können?»

Jakob, jetzt hast du den Salat. Hier eine Frau, die er nicht will, und da die Liebe seines Lebens, die er will, aber nicht hat. Doch Jakob gibt nicht auf. Und er hält ein zweites Mal um die Hand von Rahel an:

1. MOSE 29,27–28: «‹Verbringe jetzt mit Lea die Hochzeitswoche, dann gebe ich dir Rahel noch dazu. Du wirst dann für sie noch einmal sieben Jahre arbeiten.› Jakob ging darauf ein.» (DGN)

Respekt, Jakob! Schon die ersten sieben Jahre, die er ohne Klagen für Rahel gearbeitet hat, sind äußerst bemerkenswert. Wer von uns Männern hat schon sieben Jahre lang um die Gunst seiner Angebeteten gebuhlt? Sieben lange Jahre – und dann die falsche Frau im Bett. Würde dies nicht in der Bibel stehen, hielte man es für einen schlechten Ärzteroman vom Kiosk. Doch Jakob hängt für die Liebe seines Lebens weitere sieben Jahre an. Das nenn ich street credibility!

Er nimmt diese Bürde auf sich und stellt sich seinem Schicksal. Also entweder war diese Rahel, die ihm jeglichen Verstand raubte, wirklich schöner und heißer als alle Hollywoodfilmdivas des 20. Jahrhunderts zusammen, oder es steckt noch was anderes dahinter.

Dass Rahel außergewöhnlich schön war, das steht fest. Und zwar in der Bibel. Doch die berichtet auch davon, dass Jakob auf dem Weg zum Onkel etwas Entscheidendes gelernt hat, ein Prinzip, das ihm in dieser unfairen Situation half, so gelassen zu reagieren. Machen wir einen Sprung zurück.

Zwischen seinem ehemaligen Zuhause und Haran lag das Nirgendwo. 600 Kilometer Wüste. Auf seinem langen Marsch malte er sich immer wieder aus, wie es einmal in seiner Zukunft bei seinem Onkel sein würde. Besser. Schöner. Erfüllter. Er träumte: «Wenn ich bei meinem Onkel bin, werde ich ein schönes Mädchen finden, ein Häuschen bauen, ganz viele Kinder in die Welt setzen und zur Ruhe kommen. Dann werde ich glücklich sein!»

Wenn ..., dann ...

Wir alle kennen diese Aussage. Wir sagen im Nirgendwo, unterwegs zum Ziel, auch:

- «Wenn ich verheiratet bin, dann bin ich endlich glücklich. Mein Leben als Single geht mir dermaßen auf den Senkel.»
- «Wenn ich eine andere Arbeit habe, dann hat mein Leben wieder einen Sinn. Der jetzige Job gurkt mich an, und überhaupt ... gähn.»
- «Wenn ich diese Woche mit all ihren To-Do's überlebt habe, dann kann ich mich entspannen.»
- «Wenn ich meine Lehre geschafft habe, dann geht das Leben erst so richtig los.»
- «Wenn ich das hinter mir habe, habe ich wieder Zeit, mich in der Kirche zu engagieren.»
- «Wenn ich mit meinen Finanzen wieder im Lot bin, kann ich den Zehnten geben.»
- «Wenn ich mehr Geld habe, dann bin ich glücklich.»
- «Wenn ich ..., dann bin ich ...»

Als wir vor gut zwanzig Jahren mit ICF angefangen haben, habe ich immer wieder zu mir gesagt: «Wenn die Kirche größer ist, mehr Leute und Finanzen da sind, dann kann ich wieder einen Gang zurückschalten und habe Zeit für meine Familie und mich.»

Wenn, dann.

Gott hat mich eines Besseren belehrt und mir ein Burnout serviert. Pfannenfertig. Im Nachhinein definitiv ein Geschenk. In dem Moment die Hölle. Ich konnte kaum eine halbe Stunde am Stück auf den Beinen stehen und hatte überhaupt keine Kraft mehr. Unter der Woche schlief ich praktisch nur noch. Winterschlaf nach Bärenart. Am Sonntag raffte ich mich fürs Predigen auf. Doch nach dreißig Minuten war die Flasche leer. Ich musste mich aufs Sofa hinter der Bühne legen. Wochenlang war ich fix und foxi. Bleich wie Schneewittchen. Rote, hängende Augenlider wie ein Bernhardiner. Leo, der Zombie.

In dieser Zeit fand ich meinen «Wenn-dann»-Lehrmeister in meinem guten himmlischen Vater. Er brachte mir bei: Wenn ich weiterhin nach dem «Wenn-dann»-Prinzip leben würde, dann wär's das für mich gewesen und ich könnte meine eigene Abdankungsfeier planen. Ich realisierte, dass ich im «Wenn-dann» nie einen Ort der Ruhe finden würde. Im «Wenn-dann» gibt es immer wieder neue Herausforderungen und neue «Wenn-danns».

Und so lehrte Gott mich das, was er Jakob tausende Jahre zuvor unterwegs schon gelehrt hatte. Dass er, Gott, immer da ist. Dass Gott ein Ort der Ruhe, der Inspiration, der Erfrischung und der Ermutigung im Hier und Jetzt ist.

1. MOSE 28,11–13: «Unter den Kopf legte er einen der Steine, die dort herumlagen. Während er schlief, sah er im Traum eine breite Treppe, die von der Erde bis zum Himmel reichte. Der Herr selbst stand auf der Treppe und sagte zu ihm: ‹Ich bin der Herr, der Gott deiner Vorfahren Abraham und Isaak.›» (DGN)

Jakob legt im Nirgendwo seinen Kopf auf einen Stein. Dieser Ort steht für unseren Alltag. Für all die Sachen, die wir tagtäglich machen. Jakob ist in der Wüste. Jeden Tag arbeitet er auf seiner Wanderung seine Kilometer ab. Die Landschaft ist extrem abwechslungsreich. Wüste mit Wind. Wüste ohne Wind. Monoton bis zum Abwinken.

Auch unser Alltag trägt des Öfteren diese monotonen Landschaftszüge. Jeden Tag das Essen zubereiten. Morgens, mittags, abends. Unterbrochen vom Windelnwechseln.

An jedem Tag derselbe Arbeitsweg, gepaart mit der Routine am Arbeitsplatz.

Jeden Tag die gleiche Soap im Fernsehen und beim Gesichtwaschen dasselbe Gesicht.

Der Alltag kann mühsam, schwer und belastend sein. Ja, sogar zerstörend. Schleichend verabschiedet sich die Kreativität und mit ihr das Leben aus unserer Ehe, unserer Familie und unserem Beruf.

So erging es Jakob, Meter für Meter erlosch seine Kreativität, Kilometer für Kilometer in der Wüste schwand seine Lebenskraft dahin. Und jetzt schläft er. Seinen Kopf hat er auf einen Stein gebettet. Und was sieht er in der Nacht?

GOTT?

Unglaublich, aber wahr! In der Pampa, im hinterletzten Hintertupfingen, begegnet ihm sein ewiger Vater. Nicht am Ziel, nicht in der Kirche, nicht im bewussten Suchen, nicht im Gebet, nicht in einer inspirierenden Gemeinschaft, nicht im emsigen Studieren des Wortes Gottes und nicht bei einer christlichen Großveranstaltung im bedeutungsschwangeren Zelt. Nein, Gott begegnet ihm im Nirgendwo, in der Wüste, inmitten seines langweiligen und routinierten Alltags. Einer Etappe seiner Wanderung auf dem Weg zum Ziel. Verrückt!

Nicht nur, dass Gott ihm begegnet, Gott segnet ihn sogar noch!

1. MOSE 28,15: «Ich stehe dir bei, ich behüte dich, wo du auch hingehst, und bringe dich heil wieder in dieses Land zurück. Niemals lasse ich dich im Stich; ich stehe zu meinem Versprechen, das ich dir gegeben habe.» (Hfa)

Gott sagt zu dir:

«________________________ (Setze bitte deinen Namen ein), ich, dein Gott, stehe dir bei. Ich sehe deine Kämpfe, ich sehe deine Fragen, ich sehe deine Leere. Ich bin da und suche dein Bestes. Ich werde deinen Alltag beleben. Hör auf, dem Segen nachzujagen, schaue nur auf mich, der den Segen bewirkt.»

Jakob erwacht und hat ohne Guru die Erkenntnis seines Lebens:

1. MOSE 28,16: «Jakob erwachte. Erschrocken blickte er um sich. ‹Tatsächlich – der HERR wohnt hier, und ich habe es nicht gewusst!›, rief er.» (Hfa)

Tatsächlich, Gott ist da. Im Alltag.

Er ist da, wenn wir das WC reinigen, mit dem Staubsauger durch die Wohnung flitzen und uns mit unseren Kindern durch das Algebra-Labyrinth kämpfen.

Gott drückt mit uns die Schulbank und fiebert bei einer Prüfung mit. Danach gönnt er sich auf dem Pausenplatz mit uns zusammen ein Nutella-Schnittchen.

Gott schaut uns über die Schulter, wenn wir im Zug, auf dem Weg zur Arbeit, «20 Minuten» lesen, um zu sehen, wen Roger Federer am Tag zuvor wieder geschlagen hat.

Gott hält Händchen, wenn wir bei einem Date versuchen, die Hand des Zukünftigen zum ersten Mal zu ergreifen.

Gott ist da, wenn wir in der Kirche unsere Hände erheben, aber auch wenn wir sie kurz darauf mit Sauce im McDonald's vollkleckern, während wir unseren Lieblings-Burger verdrücken.

Gott ist an unserer Seite. Jeden Tag. In jedem Moment unseres Lebens.

Wie Schuppen fällt es Jakob von den Augen. Und nach den vielen Tagen ohne Shampoo wohl auch aus den Haaren.

Weiter lesen wir:

1. MOSE 28,17–19: «‹Wie furchterregend ist dieser Ort! Hier ist die Wohnstätte Gottes und das Tor zum Himmel!› Am nächsten Morgen stand er früh auf.

Er nahm den Stein, auf den er seinen Kopf gelegt hatte, stellte ihn als Gedenkstein auf und goss Öl darüber, um ihn Gott zu weihen. Er nannte den Ort Bethel (‹Haus Gottes›). Vorher hieß er Lus.» (Hfa)

Das Tor zum Himmel ist in Lus

Das Tor zum Himmel, der Ort, wo wir Gott am nächsten sind, liegt nicht in Beerscheba, in deiner Vergangenheit. Auch nicht in Haran, in deiner Zukunft. Sondern in Lus, in deinem Alltag.

Lus kann manchmal sehr furchterregend sein. Weil es ungewöhnlich ist, zu entdecken, dass Gott so viel mit meinem Alltag zu tun hat und ihm so eine völlig neue Bedeutung gibt.

Gott ist da und wohnt in meinem alltäglichen Kochen. Er putzt mit mir die Toilette, und ich wechsle tatsächlich in seiner Gegenwart die Windeln von meinen übelriechenden Kindern. ER hält sich nicht die Nase zu, sondern pudert nach. Gott wohnt im Wäschemachen, im Bügeln, im To-Do's-Abarbeiten. Gott wohnt in meinem Alltag!

Bethel – wo ich bin, ist das Haus Gottes, weil er auch da ist.

Mach es so wie Jakob. Aus «Nowhere» wird ein «Now here»!

Aus «Nowhere» wird ein «Now here»!

Gott ist now here – er ist jetzt da! Das ist der Schlüssel zu Jakobs Gelassenheit.

Jakob wusste: «Gott ist da, egal, was ich tue. Auch wenn ich sieben Jahre für Rahel arbeite, ist Gott an meiner Seite und wird mir Gelingen und Segen schenken. Gott ist da, auch wenn ich betrogen wurde und nochmals sieben Jahre die Ärmel hochkrempeln muss für meine Lady.» Auch wenn alles gegen ihn läuft, vertraut er auf Gottes Plan. Er ist ja da und wird sich darum kümmern, dass alles gut kommt.

So ist es auch bei uns. Auch wenn du betrogen wirst, andere – wie unfair! – vor dir befördert werden oder schneller vorwärtskommen, denk an Jakob.

Jakob geht am Schluss mit hoch erhobenen Armen als Gewinner vom Feld. Jakob ist der Mann, mit dem Gott seine Geschichte bis in die heutige Zeit weitergeschrieben hat. Jakob ist der Mann, dessen Name zum Schlüsselwort von Gottes Volk wurde. Aus seinem Stammbaum kommen Helden wie Josef, Mose, Josua, Samuel, David, Salomo und … Jesus!

Gott kam zum Ziel mit Jakob. Gott kommt zum Ziel mit dir.

Danken schützt vor Wanken

Ein geniales Hilfsmittel für den Perspektivwechsel ist Dankbarkeit.

Zwei Mütter sind mit ihren Kindern auf dem Spielplatz und beginnen zwischen Schaukel und Rutschbahn einen kleinen Smalltalk. Die erste Mutter, völlig erschöpft, frustriert und entmutigt, beklagt sich über ihr kleines Mädchen.

«Laila ist so ein Trotzkopf, sie hört mir nie zu. Außerdem macht sie ständig alle Hosen kaputt, holt mir zu den ungünstigsten Zeiten alle Nachbarskinder ins Haus und veranstaltet ein riesiges Chaos. Ich bin ständig am Aufräumen, Putzen, Waschen und Flicken. Wenn ich das gewusst hätte ... sie kostet mich alle Nerven!»

Die zweite Mutter schaut sie verständnisvoll an und sagt: «Mit Max geht es mir nicht anders. Er weiß genau, was er will und was nicht. Ich habe herausgefunden, dass er mir am besten zuhört, wenn ich ihm auf Augenhöhe begegne und in seiner Sprache mit ihm rede. Hosen flicken hab ich zu meinem neuen Hobby erkoren. Ich habe meine alte Nähmaschine wieder rausgeholt. Max benutzt sie natürlich am liebsten als Steuer mit Gaspedal. Die Nachbarskinder ersetzen bei uns die Spielgruppe. Wenn's zu laut wird, schicke ich die Feiertruppe nach draußen. Max blüht bei dem Tumult richtig auf. Die Hausarbeit hat ein wenig an Priorität verloren, aber was soll's, am Dreck ist noch niemand gestorben. Seit ich Mutter bin, sind meine Nerven viel benutzt und dadurch strapazierfähiger geworden. Max lehrt mich, das Leben mit anderen Augen zu betrachten, den Weg als Ziel zu sehen und geduldiger und gnädiger mit mir selbst zu sein. Noch selten habe ich so viel gelacht wie mit ihm. Ich stelle mir immer wieder vor, was wohl aus ihm werden wird und warum gerade ich seine Mutter geworden bin. Wer weiß, vielleicht wird er der nächste Regierungspräsident und Laila seine Frau!»

Beide Mütter lachen.

Es ist immer wieder eine Frage der Perspektive. Ein Glas kann halb voll oder halb leer sein. Du entscheidest, wem du mehr Gewicht geben willst, dem Guten oder dem Negativen im Leben.

Freue dich an dem, was du hast, ehre Gott, indem du dankbar bist für das, was er dir in der Vergangenheit zur Verfügung gestellt hat. So wie Jakob, der vor dem Wiedersehen mit seinem Bruder Esau Gott einen Altar der Dankbarkeit baut:

1. MOSE 35,3: «Wir gehen jetzt nach Bethel. Dort will ich für Gott einen Altar bauen, denn er ist es, der in der Not meine Gebete erhört hat. Während meiner ganzen Reise bis hierher ist er immer bei mir gewesen!» (Hfa)

An diesem Ort erinnert sich Jakob an all die Wunder, die Gott auf seiner ganzen Reise bis hierher getan hat. Und er entscheidet sich neu, seinem Gott zu vertrauen, auch wenn es in seinem Alltag nach wie vor große Herausforderungen gibt. Der Altar hilft ihm dabei.

Ein Bild, ein Gegenstand, ein Tagebuch kann uns heute daran erinnern, dass Gott in unserem Alltag präsent ist.

Bevor wir in unser neues Gebäude einziehen konnten, mussten wir Geld sammeln. Richtig viel Kohle. 4,9 Millionen harte Schweizer Franken. Kurz vor den Sommerferien 2016 machte ich mir ernsthafte Sorgen, ob wir diesen Wahnsinnsbetrag zusammenbringen würden. Ich dachte: «Jetzt gehen die Leute in den wohlverdienten Urlaub, lassen sich die Sonne auf den Hintern scheinen und den Wein in die Kehle fließen. Wer denkt jetzt noch ans Spenden, hallo?»

Wir hatten erst die Hälfte des Betrages auf der hohen Kante, und ich sagte zu Gott: «Hey, alter Freund, was jetzt? Wie sollen wir das Geld zusammentrommeln? Hast du einen Trick auf Lager? Oder einen Dagobert Duck ohne geizig, der mal zwei bis drei Milliönchen lockermacht?»

Der Sorgenberg wuchs mit jedem Tag, der dem Sommer näher kam. Die Sonne machte mich zum ersten Mal in meinem Leben depressiv. Ich schlief kaum noch. An einem Sonntag kurz vor den großen Ferien predigte ich in einer anderen Kirche. Am Ende forderte ich die Zuhörer auf, ihr Leben Jesus zum ersten Mal oder voll und ganz anzuvertrauen. Eine Handvoll Leute folgte meinem Aufruf und trat nach vorne an die Bühne.

Nach meinem Gebet mit dieser Gruppe von neuen Jesus-Nachfolgern blieb ein junger Mann stehen. Noch nie gesehen. Er kam auf mich zu und sagte aufgeregt und etwas schüchtern: «Ich habe ein Wort von Gott für dich!»

Ich nur: «Ja, bring es!»

Dann sagte er: «Seit zwei Jahren durchlebst du eine sehr schwierige Phase. Du verspürst großen Druck, weil du für irgendetwas eine große Geldmenge zusammenbringen musst.»

Und ich dachte nur: «Hoppla, das ist ein Prophet.»

Mutiger geworden, fuhr er fort: «Gott hat dir schon so oft seine Wunder gezeigt, dir viele Lasten abgenommen!»

Hmm, ich fragte mich, warum konnte ich in dieser Sammelphase nicht einfach glauben und vertrauen? Ich dachte an die letzten zwei Jahre zurück. Alles begann damit, dass wir den Güterbahnhof, unser altes Kirchenzuhause, verlassen mussten. Seither waren wir ständig auf der Suche nach Räumen, wo wir unsere Celebrations veranstalten konnten. Ich kam nicht mehr zur Ruhe.

Wir waren in Badmintonhallen, Kinos, Eventhallen. Ja, wir bauten Sonntag für Sonntag alles auf und wieder ab. Die Kids trafen sich in schmutzigen Garderoberäumen und klebrigen Bars, und ich war häufig den Tränen nahe, wenn ich die Kids und die Leiter in diesen schäbigen Räumen heimlich beobachtete. Chaos überall. Und doch: Es gab keinen einzigen Sonntag, an dem Gott uns nicht mit einer Location versorgt hätte!

Und plötzlich wurde es mir wie auf einen Schlag bewusst. Ja, Gott hat schon so viele Wunder in unserer Kirche getan. Dann wird er auch diesmal eingreifen und das Ganze zu einem guten Ende bringen! Oder doch nicht? So sicher war ich noch nicht.

Der junge Mann stand immer noch vor mir. Und als ob er Fragezeichen über meinem Kopf kreisen sehen könnte, fügte er hinzu: «Ich habe noch eine Zusage von Gott für euch. Am Ende dieses Jahres werdet ihr als Kirche Wachstum erleben. Nicht nur in die Höhe, sondern auch in die Breite. Gott wird euch neue Länder, Regionen und Städte zeigen, in denen ihr neue ICFs gründen könnt. Das ganze ICF-Movement wird rasant Fahrt aufnehmen und ein schwindelerregendes Tempo erreichen. Schnallt euch mal besser an! Gott hat in den letzten zwei Jahren des scheinbaren Stillstands an eurem Fundament gebaut. Ein Fundament, stabil genug, um dieses Tempo verkraften zu können.»

Dann schaute er mich mit unsicheren und fragenden Augen an und sagte: «Herr Bigger, macht das Sinn?»

Mir liefen die Tränen nur so runter, und ich gab ihm zur Antwort: «Jedes einzelne Wort. – Am Ende des Jahres ziehen wir in ein Gebäude ein, und viel Neues kommt auf uns zu.» Ich dankte ihm von Herzen für seinen Mut.

So unscheinbar, wie er gekommen war, verschwand er wieder. Das haben diese Propheten echt drauf!

Was will ich dir mit dieser Geschichte sagen? Die Grundaussage seiner Prophezeiung war, dass ich mich an all die Wunder erinnern sollte, die Gott auf unserer bisherigen Reise aus dem Hut gezaubert hatte.

So wie Jakob forderte er mich heraus, zum Ort der letzten Wunder zurückzukehren. Dieses Zurückkehren bewirkt eine tiefe Dankbarkeit, die ihrerseits neue Hoffnung weckt.

Gott liebt es, wenn wir ihm täglich durch unsere dankbare Haltung zeigen, dass wir die Achtung und den Respekt vor ihm und seiner Größe nicht verloren haben.

Wir können für so viele Dinge im Leben dankbar sein, für unsere Familie zum Beispiel, für all die Menschen, denen wir heute begegnen. Dankbar für die Natur. Die kleinen und großen Wunder im Alltag. Dankbar für den Job. Das Essen. Dein Einkommen.

Sei dankbar für die freundlichen Worte und Berührungen, die du weitergeben oder erleben kannst. Behalte die Dankbarkeit für deine Gesundheit, deine geistige Verfassung und auch dafür, dass du überhaupt noch realisierst, dass du dankbar sein kannst. Überlass das Negative, die Sorgen, die Fragen und die Herausforderungen Gott und fokussiere dich voll und ganz aufs Danken. Melde dich als Profi für die DFA-Tour («Danke-für-alles»-Tour) an, sammle Punkte und grüße als Weltranglistenerster noch vor Federer und seinen Kumpels.

Deine Dankbarkeit wird dir neue Kraft geben, um stärker aus den Herausforderungen herauszukommen. Schaffe durch Dankbarkeit Raum für die Wunder Gottes.

Gott war dabei, als dir Unrecht angetan wurde und dir das Leben unfair mitgespielt hat. Es lässt ihn nicht kalt. Er hat mit dir gelitten, er kämpft für dich und hat für alles dir zugefügte Leid eine Lösung bereit. Wenn du dankbar bleibst und dich an Gott festklammerst, wird er dich zur rechten Zeit mit seiner Gerechtigkeit überraschen. Gott bringt uns nicht nur zurück ans Licht, er lässt uns stärker als zuvor aus jeglichen Herausforderungen unseres Lebens hervorgehen. Lass dir die Dankbarkeit nicht rauben.

Ganz praktisch: Versuche jeden Tag mindestens einen Grund zu finden, weshalb du dich freuen kannst.

EPHESER 5,20: «... und dankt Gott, dem Vater, immer und für alles im Namen von Jesus Christus, unserem Herrn.» (NGÜ)

Kultiviere den Segen durch Zufriedenheit

Es ist wichtig, dass wir Träume haben, große Ziele verfolgen und uns leidenschaftlich nach mehr in unserem Leben sehnen. Was machen wir jedoch in der Zeit, während wir auf unseren Durchbruch warten? Unsere innere Zufriedenheit sollte nie davon abhängig sein, ob Gott unsere Sehnsüchte erfüllt und unsere verschlossenen Türen mit himmlischem Pulver aufsprengt.

Vielleicht betest du für ein Baby, einen aufregenden Job als Stuntman in Hollywood, ein Haus am See neben Peter Fox oder dass sich die aktuelle «Miss Schweiz» in dich verliebt und ihr am Vierwaldstättersee eine Traumhochzeit feiert. Das sind wundervolle Gebete. Doch verbringe die nächsten fünf Jahre, in denen du noch als Single durch die Welt tingelst, auf ein Kind wartest, in der alten Wohnung lebst oder dich mit dem bisherigen Job abfinden musst, nicht sauertöpfisch in der Ecke. Lerne glücklich und zufrieden zu sein mit dem, was du hast, wie Paulus, der sagt, ob ich jetzt viel oder wenig hab, ich bin gut drauf, schließlich bin ich mit meinem besten Kumpel Jesus unterwegs. Und wo der ist, geht es ab!

Wenn wir es schaffen, tagtäglich mit Zufriedenheit in den Tag zu starten, wird Gott uns über kurz oder lang mit seinen Wundern überraschen. Das kann er. Das hat er geübt. Seit Tausenden von Jahren.

Eins kann ich dir versichern: Die Berufung, die offene Tür, der neue Job, das Wunder, der zukünftige Ehepartner oder das neue Haus werden uns nicht in den Schoß fallen, während wir mit Schmollmund und Stinkefinger vor uns hinvegetieren. Vielmehr will Gott uns in den kleinen und unsichtbaren Momenten, in denen unsere Treue gefordert ist, weiter voranbringen.

Und dort stößt er auch Türen auf. In den unscheinbaren Begegnungen des Alltags wartet vielleicht dein Traumprinz auf dich. Nicht auf dem weißen Ross, dafür auf der coolen italienischen Vespa. In den unspektakulären Entscheidungen geschieht eine Wende, die dich in deinem Berufsalltag weiterbringt.

KOLOSSER 2,7: «Für das, was Gott euch geschenkt hat, könnt ihr ihm gar nicht genug danken.» (Hfa)

Das Prinzip der Zufriedenheit entdecken wir bei David, dem zukünftigen König von Israel. Er verbrachte, wie weiter oben schon erwähnt, viele Jahre seines Lebens auf dem Feld und hütete die Schafe seines Vaters. Alleine, weit weg von jeglicher Zivilisation, mitten in der Einsamkeit, erfand er Spiele wie «Welches Schaf legt als Nächstes seine Böhnchen?» oder «Wie lange muss ich ein Schaf schütteln bis zur Sauermilch?». Interessant ist, dass Gott ihn schon während seiner Tätigkeit als Hirte zum nächsten König salben ließ. David stand danach wieder in der Prärie, von blökenden dümmlichen Schafen umgeben, und wusste: «Ich werde mal König sein.»

Trotz der Kenntnis seiner zukünftigen Berufung hütete er weiterhin die Schafe. Es wäre in seiner Situation berechtigt gewesen, Gott vorzuwerfen:

«Gott, das hier ist großer Mist! Ich habe große Träume. Schließlich hast du mir selbst eine rosige Zukunft vor Augen gemalt! Aber nein, ich bin hier draußen ganz alleine und verbringe die beste Zeit meines Lebens mit ein paar Locken auf vier Beinen!»

Doch David verstand das Prinzip der Zufriedenheit und des sinnvollen Lebens an dem Ort, wo man sich gerade befindet. Er ließ sich weder stressen, noch gab er dem Frust Raum. Er nutzte diese scheinbar tote Zeit, um sich von Gott formen zu lassen.

Wenn wir uns von unserer Unzufriedenheit erobern lassen und es verpassen, dort, wo wir gerade sind, unser Bestes zu geben, wird Gott den uns zugesagten Thron womöglich jemand anderem unterjubeln.

Entscheidest du dich, der Unzufriedenheit Raum zu geben, wird sie dir überallhin folgen. Da kannst du sogar in die Karibik reisen, und du wirst am Traumstrand noch unzufrieden sein: «Das Wasser ist zu warm. Ist ja gar keine Abkühlung mehr, und hier gibt es ja gar kein Sauerkraut!»

Die Unzufriedenheit wird sich in deinem Herzen ein Nest bauen und sich dort genüsslich rauchend niederlassen. Der eklige Gestank wird dir ein Leben lang in die Nase ziehen. Je länger du sie einfach gewähren lässt, desto mehr wird sie ein Teil deines Lebens und wird damit dich, dein Umfeld und deinen Glauben immer weiter vergiften.

Egal, wie gut es dir geht, und egal, was Gott dir alles gibt, du bleibst unzufrieden, weil eine Stimme in dir lauter schreit.

Gott ist now here – er ist jetzt da!

Susanna und ich wurden eingeladen, in einer anderen Kirche zu predigen. Es war ein Freitag. Ein superschöner Nachmittag. Das Wetter rief uns zu: «Leute! Motorräder raus und dann Roadtrip zur Kirche!» Wir ließen uns das nicht zweimal sagen. Wir schwangen uns auf die stählernen Pferde und gaben ihnen die Sporen. Was für ein Genuss!

Richtig erfüllt predigte ich und war danach heiß auf die Rückfahrt. Teil zwei unseres Roadtrips. Doch als wir zu unseren Motorrädern schlenderten, verdunkelte sich der Himmel, und ein paar Augenblicke später begann es wie aus Kübeln zu regnen. Ich stand da, neben mir meine Frau, vor uns unsere Motorräder, und dachte nur noch: «Au Backe! Das wird alles andere als ein Vergnügen.»

Da entschied ich mich zu tun, was jeder vollmächtige, geisterfüllte Pastor in meiner Situation tun würde. Ich stellte mich hin, schaute streng hinauf zu den Wolken, aus denen das Wasser nur so herausquoll, und gebot dem Regen im Namen Jesu mit vollmächtiger pastoraler Stimme, dass er gefälligst einen Abgang machen soll. Doch irgendwie schienen die Wolken meine Stimme nicht zu hören. Daran musste es liegen.

Und als ich so zum zweiten Anlauf meines gloriosen Proklamierens ansetzen wollte, hörte ich eine feine, aber bestimmte Stimme: «Leo, was machst du da?»

Ich nur so: «Gott, die Frage ist: Was machst du nicht? Warum hört es trotz meines vollmächtigen Gebets und meines Monsterglaubens nicht auf zu regnen?»

«Regen ist Segen, Leo!», flüsterte Gott, und plötzlich fiel es mir wie Schuppen von den Augen: Mir wurde bewusst, wie egoistisch ich oftmals bete. In

den meisten von meinen Gebeten geht es nur um mich. Um meinen Segen. Um darum, dass es mir besser geht!

- Wir stehen im Regen und beten: «Hör auf, ich will nicht nass werden!»
- Wir stehen in der Sonne und beten: «Regen, komm, wir brauchen dich, sonst wird aus meiner Ernte als Bauer nichts.»
- Wir stehen im Wind und beten: «Hör auf, ich brauche Ruhe!»
- Wir stehen in der Stille und beten: «Gott, es ist mir langweilig, ich brauche Abwechslung!»

Im Regen stehend winden sich diese Gedanken durch meine Gehirngänge. Und mir wird nicht nur bewusst, wie egoistisch wir oftmals sind, sondern auch, dass sich unsere Gebete meistens nur um die Zukunft drehen. Gott, tue ein Wunder. Gott, verändere das. Gott, mach es besser. Gott, ich brauche das und jenes. Und da kam er wieder, der einfache, simple Gedanke:

«Regen ist Segen, Leo!»

Jetzt regnet es, darum ist es JETZT gut so! Ich stand da, und mir wurde bewusst, dass es nicht darum geht, die Zukunft zu verändern, sondern die Gegenwart, das JETZT, zu genießen und das Beste aus jeglichen Situationen herauszuholen. So entschlossen wir uns, trotz Regen die Heimfahrt anzutreten.

Auf der ganzen Heimfahrt dachte ich über alles nach, für was ich dankbar bin, und wurde trotz Nässe von einer tiefen Ehrfurcht ergriffen gegenüber meinem Gott und seinem Segen, den er mir immer wieder schenkt und schon so viele Male geschenkt hat. Und dann fuhr ich mit Vollgas durch die nächste Pfütze und sang, so laut ich konnte: «It's raining, man, hallelujah!»

Unser Gott will immer wieder ein Teil unseres Alltags sein. Wenn wir begreifen, dass Gott da ist, wird aus deinem «Nirgendwo» ein «Hier und jetzt»! Gott ist da, heute und jeden Tag von Neuem!

PHILIPPER 4,4–7: «Freut euch, was auch immer geschieht; freut euch darüber, dass ihr mit dem Herrn verbunden seid! Und noch einmal sage ich: Freut euch! Seid freundlich im Umgang mit allen Menschen; ihr wisst ja, dass das Kommen des Herrn nahe bevorsteht. Macht euch um nichts Sorgen! Wendet euch vielmehr in jeder Lage mit Bitten und Flehen und voll Dankbarkeit an Gott und bringt eure Anliegen vor ihn. Dann wird der Frieden Gottes, der weit über alles Verstehen hinausreicht, über euren Gedanken wachen und euch in eurem Innersten bewahren – euch, die ihr mit Jesus Christus verbunden seid.» (NGÜ)

die segens-explosion

KAPITEL 6

Menschen, die Gott in ihrem Leben ehren, sich um seine Sache kümmern und ihm immer wieder den ersten Platz einräumen, ziehen wie ein Magnet den Segen Gottes an. Sie treffen die richtigen Leute, haben kreative Ideen, schier endlose Ressourcen und Einfluss.

5. MOSE 28,1–12: «Wenn ihr auf den Herrn, euren Gott, hört und … seine Gebote … sorgfältig befolgt, wird er euch hoch über alle Völker der Erde erheben. Die ganze Fülle seines Segens wird euch zuteil werden […] Gesunde Kinder gibt er euch und reiche Ernten; eure Rinder, Schafe und Ziegen werden sich vermehren, Korb und Backtrog nicht leer werden. Das Glück wird euch begleiten, wenn ihr auszieht und wenn ihr wieder heimkehrt. […] Der Herr wird eure Vorratshäuser füllen und euch alles gelingen lassen, was ihr tut. […] Er wird seine himmlischen Vorratskammern öffnen und Regen auf euer Land herabsenden zur rechten Zeit, damit eure Arbeit Frucht trägt. Ihr werdet so viel haben, dass ihr davon noch anderen Völkern ausleihen könnt, ihr selbst aber braucht nichts zu borgen.» (DGN)

Gott hat mich oft dann beschenkt, wenn ich es am wenigsten erwartet habe.

Seit ein paar Jahren verbringen wir unsere Sommerferien jeweils bei den Cowboys in Amerika. Es ist für uns als Familie der perfekte Ort, um abzuschalten, Distanz zu gewinnen und uns zu erholen.

Während ich mir vor einiger Zeit während des Urlaubs am Pool die Sonne auf meinen Waschbärbauch scheinen ließ, kam mir aus dem Nichts ein Gedanke: «Warum predige ich nicht in Amerika? Eigentlich macht es keinen Sinn, meine Gabe drei Wochen lang nicht zu nutzen. Und meine Familie leidet, weil mein Redebedürfnis nicht gestillt wird. Sie werden gnadenlos zugetextet und brauchen nach den Ferien Ferien von mir.»

Der Gedanke war so schräg, der musste von meinem verrückten himmlischen Vater kommen. Wer will schon in den Ferien arbeiten?!?

Weil ich gehorsam sein wollte, schrieb ich nach diesem Urlaub einige Kirchen in den Staaten an, die ich kannte. Wer weiß, vielleicht würde ich eingeladen und ich könnte meine Gabe auch im Sommer einsetzen und verbessern. Im Ausland in Englisch zu predigen wäre definitiv eine neue Herausforderung.

Doch keine einzige Kirche lud mich ein. Die hatten alle keinen Bock auf einen Cowboy ohne Hut und mit breitem Schweizer Akzent. Ehrlich gesagt, war ich schon ein bisschen frustriert. Nicht, weil es mir langweilig war. Ich war genügend ausgelastet mit vielen neuen Gefäßen, die ich in unserer Kirche ins Leben gerufen hatte: Worshiptouren in Europa, abendfüllende Musicals, die wir dann auch an anderen Orten auf die Bühne brachten, das ganze TV-Ministry, neue Locations, die um die Stadt Zürich herum entstanden etc.

Und doch ließ es sich nicht leugnen, dass ich in mir den tiefen Wunsch verspürte, meine Predigtgabe in größerem Maße einzusetzen. Ich wollte meinem Namen Bigger alle Ehre machen – und damit vor allem auch Gott. Schließlich hat er mir diesen Namen verpasst. Ich kann ja nix dafür, dass meine Eltern Bigger heißen, und den Bauch meiner Mutter hab ich mir auch nicht selbst ausgesucht. Also!

Doch wie gesagt, keine einzige Tür öffnete sich auch nur einen Spalt breit.

In dem Frust kam mir eine Geschichte von David in den Sinn. Ein Kind von ihm lag im Sterben, und er fastete, betete und rang mit Gott über mehrere Tage hinweg, er möge doch sein Kind wieder gesund machen. Fehlanzeige. Das Kind starb trotz aller Bemühungen Davids. Nach der Todesnachricht erhob, wusch und rasierte er sich, streifte sich ein frisches T-Shirt über und war wieder fröhlich. Umstehende konnten seine Reaktion nicht verstehen und sprachen ihn darauf an. Seine Antwort:

«Leudde, ich kann nichts mehr an der Situation ändern, und das Kind wird auch mit einem Miesepeter-Gesicht nicht mehr lebendig.»

David hat in seinem Leben einen Strich gezogen:

«Was ich nicht ändern kann, kann ich nicht ändern.»

Inspiriert durch diese Geschichte, setzte ich mich hin, nahm mein iPad und malte darauf picassogleich mit meinem Finger einen fetten Strich. Dann sagte ich zu Gott: «Okay, ich habe mein Bestes gegeben. Ich hab getan, was ich meiner Meinung nach deiner Meinung nach tun musste. Gebracht hat es nix die Bohne! Ich übergebe das Projekt ab sofort dir, Boss. Ich ziehe hier von meiner Seite her einen Strich unter das Thema.»

In diesem Moment hörte ich Gottes feines Reden: «Deal, mein Junge! Und by the way: Deine Hauptaufgabe ist und bleibt ICF Zürich und das Movement. Diese beiden Bereiche werden immer deine größte Freude sein!»

Wunderbar. Das Thema war für mich abgehakt. Been there. Done that. T-Shirt.

Nach ein paar Monaten sprach mich nach einer Celebration ein Mann aus dem Känguru-Country an, den ich flüchtig kannte: «Leo, hast du Bock, mich auf meiner Asien-Tour zu begleiten?»

Zuerst dachte ich, er brauche wohl noch einen Kofferträger. Aber nein, er wollte, dass ich mit ihm zusammen preachte.

Und ob ich wollte! Gott schenkte mir nicht nur einen neuen Freund und unendlich viele Teller randvoll mit Reis, sondern öffnete mir durch diesen Mann über Nacht unzählige Türen in Asien. Und das führte wiederum dazu, dass ich plötzlich auch in Amerika zum Predigen eingeladen wurde, und darüber hinaus all over the world.

Gott überraschte mich mit diesem saucoolen blonden «The thunder from downunder»-Australier und überschüttete mich förmlich mit Segen. Ihn kannst du einfach nicht überbieten!

Und während ich das hier niederschreibe, kommt mir gerade in den Sinn, dass ich, lange vor der ersten Begegnung mit meinem Aussie-Power-Freund, einen Propheten in meinem damaligen Büro sitzen hatte. Er war super oldschool unterwegs und siezte mich jungen Predigerschnösel, der noch grün hinter den evangelistischen Ohren war, tatsächlich:

«Ich sehe über Ihrem Kopf Flaggen aus der ganzen Welt wehen, Herr Bigger! Das bedeutet: Sie werden mal auf der ganzen Welt das teure Wort Gottes verkündigen.»

Damals sagte mir das nichts. Ich war höchstens beeindruckt von seiner gemusterten Krawatte und seiner heiligen Wortwahl. Aber ich verspürte weder den Drang noch das Verlangen, in einer anderen Sprache als der meiner Mutter göttliche Reden zu schwingen. Ich wollte Rösti essen und schweizerdeutsch predigen. Das reichte mir vollkommen. Da hat Gott in den folgenden Jahren schon gewaltig an meinem Herzen geschraubt und es ready gemacht für das, was kommen sollte.

Lieber Sportsfreund, was hat das mit dir zu tun?

So, wie Gott eine Backmischung voller Sehnsüchte in mein Herz gelegt und dafür gesorgt hat, dass sie Schritt für Schritt aufgeht, hat er das auch bei dir getan. Er ist der Meisterbäcker der Träume.

Wenn du das Gefühl hast, dass du immer wieder an verschlossene Türen klopfst, sag ich dir: Gott hat deine Träume, die er in dich hineingelegt hat, nicht vergessen. Er wird dir zur richtigen Zeit im richtigen Lebensabschnitt die Türen öffnen und kann dich durch eine Begegnung oder dank einer überraschenden Idee an den Ort deiner Bestimmung bringen.

Ein wunderbares Beispiel dafür liefert einmal mehr – Achtung, Überraschung – Jakob! Dank ihm hauen wir uns in diesem Kapitel göttliche Wahrheiten um die Ohren, die sich in Bezug auf unsere Träume gewaschen haben.

WAHRHEIT NR. 1: GOTTES TRAUM FÜR DICH IST GRÖSSER, ALS DU DIR VORSTELLEN KANNST

Gott will keinen Stillstand für unser Glaubensleben, unsere Wünsche und unseren Alltag. Gott will und wird immer wieder Dinge in deinem Leben explosionsartig verändern. Kawoumm!

Wenn das passiert, bringt uns eine göttliche Explosion nicht einfach gemächlich von Level 6 zu Level 7 und eventuell weiter zu Level 8, nein, sie katapultiert dich von Level 6 direkt auf Level 64! Super Mario lässt grüßen! Dein ganzes Umfeld wird ohne Verzögerung erkennen, dass da Gott am Werk war! Zu krass wird es sein.

Wenn ich an mein Leben zurückdenke, ist es für mich selbst unglaublich zu sehen, was Gott alles aus einem einfachen Offsetdrucker aus Buchs rausgehauen hat. Dank Gottes Ruf und unzähligen Wundern schon im Vorfeld gründeten wir eine der größten Kirchen in der Schweiz.

Dank göttlichen Glaubens-Kawoumms vergrößerte sich unsere Bewegung über die Schweiz hinaus nach ganz Europa. Und dabei wollten wir neben ICF Zürich gar nie neue Kirchen gründen. Gott musste uns auf die Schulter klopfen und sagen:

«Hey, Peeps, vielleicht mögt ihr den FC Basel in Zürich nicht, aber die Stadt im Norden braucht dringend eine Frischzellenkur, was Kirche anbelangt. Es würde definitiv nicht schaden, euren besten Leiter da hochzubeamen und dort ein ICF zu starten, yo.»

Ich verschränkte da erst mal meine Arme und war dagegen. Ich legte mein Veto ein. Dumm nur, dass Gott aufs Vetorecht pfiff: «Veto-was?»

Freundlicherweise schickte Gott zur Abwechslung wieder mal ein paar prophetische Eindrücke ins ICF-Zürich-Haus, und schlussendlich war das Reden so erdrückend klar, dass wir unseren besten Mann mit viel «Züri-Gschnätzletem» gen Basel in die Diaspora ziehen ließen. Ein Zürcher in Basel: Viel Glück wünschten wir dem armen Kerl!

Nach Basel folgten Biel und Bern, und plötzlich schien diese Bewegung nicht mehr zu stoppen zu sein. Wie ein Buschfeuer, das sich ausbreitet, entstanden ohne irgendeinen anfänglichen Wunsch und ohne unsere Anstrengungen einfach so neue ICFs. Wie Pilze nach dem Regen schossen die Dinger aus dem Boden. Explosiv brauchte Gott unsere Kirche in Zürich, um daraus ein Movement zu formen.

Ganz ehrlich, das ICF-Movement mit allem, was es auszeichnet und bewegt, ist einzig und allein das Werk Gottes! Wir hatten keine Ahnung von nichts, wir liebten einfach Gott und die verlorenen Menschen aus tiefstem

Herzen. Strategie, Fehlanzeige. Struktur, ist das ein neuer Brotaufstrich? Gott hat ICF auf dem Gewissen, definitiv. In seiner Größe schuf er es durch einfache junge Menschen, die ihr Leben einem unglaublichen Gott immer wieder zur Verfügung stellten. Also:

Zieh dich schon mal warm an und mach dich ready für die Explosion Gottes in deinem Leben.

Wenn Gott dein Leben explosiv berührt, lässt das keine Zweifel mehr offen, wer und was dein Leben berührt hat. Wir sollten uns nur schon deshalb nach einer himmlisch-sauberen Liebesexplosion sehnen, damit unsere Freunde, unsere Arbeitskollegen, unsere Familie und die Menschen, denen wir tagtäglich begegnen, von dieser Kraft durch uns mitberührt werden.

Ich weiss, ich kenne dich viel zu wenig. Ich kenne weder deine Nöte noch deine Sehnsüchte und Träume. Aber Gott kennt sie. Und Gott kennt dich. Er hat das perfekte Zusammenspiel zwischen deiner Treue im Moment und dem Zeitpunkt der Explosion für dein Leben im Griff. Deine und meine Herausforderung ist es, in der Zwischenzeit am Zuspruch Gottes festzuhalten. Du bist weder zu alt, zu jung, zu fehlerhaft noch im Vergleich mit anderen zu unbedeutend. Das sind alles Lügen. Schieß sie in die Erdumlaufbahn. Sie wollen dich nur vom explosiven Segen Gottes für dein Leben wegbringen.

Auch Jakob hätte viele Gründe gehabt, Gott, sich selbst und das Leben aufzugeben. Jakob betrog seinen Bruder, belog seinen Vater, war auf der Flucht vor seiner Familie und schlussendlich unterwegs in Hintertupfingen auf dem Weg zu seinem Onkel. Dort hätte er jegliche Berechtigung gehabt, resignierend zu sagen: «Jetzt bringt alles nichts mehr. By the way bin ich auch nicht mehr der Jüngste. Über vierzig Jährchen und immer noch Junggeselle. Keine Frau, keine Kinder, keine Zukunft. Eigentlich könnte ich mich hier in der Wüste auch vor ein Kamel schmeißen oder selbst einbuddeln. Was bringt mein Leben noch? Niemand wird mich vermissen!»

Doch glücklicherweise begegnete Jakob Gott in der Wüste, in seinem Alltag. Diese Begegnung gab ihm neue Kraft und eine neue Perspektive. Jakob erreicht nach der Durchquerung der Wüste das Gebiet der Verwandtschaft seiner Mutter. Dort sieht er eines Tages, wie Hirten vor einem Brunnen auf irgendwas warten. Ohne die Herde zu tränken, stehen sie wie Ötzis vor dem verschlossenen Brunnen. Jakob fasst sich an den Kopf und spricht die Gruppe an:

1. MOSE 29,7: «‹Weshalb wartet ihr eigentlich hier?›, fragte Jakob weiter. ‹Es ist doch noch viel zu früh, um die Schafe und Ziegen zusammenzutreiben! Tränkt sie, und lasst sie wieder auf die Weide!›» (Hfa)

Jakob hat ganz schön Eier. Er sagt den Profis, was sie zu tun haben. Es ist, als würdest du als Elektriker dem Bäcker erklären, wie er sein Brot zu backen hat, oder als Lehrer dem Lastwagenchauffeur, wie er rückwärts einparken muss. Geht gar nicht! Junge, Junge, mal schön locker bleiben.

Doch das besserwisserische Getue von Jakob zeigt, dass er noch am Leben ist. Nicht nur physisch, sondern auch geistlich. Solche Dinge machen wir nämlich nur, wenn wir ein großes Selbstverständnis haben. Und auch wenn Jakob in diesem Fall einmal mehr übers Ziel hinausschießt, ist das ein Zeichen in die richtige Richtung, weg von den lebensmüden Gedanken. Lieber zu viel Selbstwertgefühl als gar keins mehr.

Jakob hatte seine Mitte wieder gefunden, und nur deshalb konnte er die Hirten in ihrer täglichen Aufgabe herausfordern. Jakob ist ein Mann, der sich trotz jeglicher Umstände, die gegen ihn sprachen, nicht aufgegeben hat.

Auch wenn du fast keinen Glauben mehr hast, reicht ein kleiner Hauch davon, und Gott wird dich mit neuem Segen überraschen. Schlussendlich gibt es nur eine Person, die den Segenshahn zudrehen kann: du selbst. Du hast deine Zukunft in deiner Hand.

- Tatsache Nr. 1 lautet: Gott ist immer für dich.
- Tatsache Nr. 2: Der Feind Gottes ist immer gegen dich.
- Tatsache Nr. 3: Du allein bestimmst, ob Nr. 1 oder Nr. 2 das Sagen hat.

Jakob erwartete wieder mehr vom Leben, deshalb redete er auch frei Schnauze und hält als Laie den Fachleuten einen Vortrag. Diese Erwartung belohnt Gott. Schau selbst:

1. MOSE 29,8–10: «‹Nein, das geht nicht›, entgegneten sie. ‹Wir warten so lange, bis alle Hirten mit ihren Herden eingetroffen sind. Dann wälzen wir den Stein gemeinsam vom Brunnenloch und tränken unsere Tiere.› Inzwischen war Rahel mit den Schafen und Ziegen ihres Vaters hergekommen, denn auch sie war eine Hirtin. ‹Das ist also die Tochter meines Onkels, und das ist sein Vieh›, dachte Jakob. Er ging zum Brunnen, wälzte den Stein allein vom Loch und tränkte Labans Herde. Dann küsste er Rahel zur Begrüßung und weinte laut vor Freude.» (Hfa)

Einen Stein, den man eigentlich mit vielen Hirten gemeinsam wegstoßen muss, schubst Jakob dank Testosteronüberschuss mit dem kleinen Finger alleine weg. Er lässt seine Muckis spielen, um Rahel zu imponieren. Sie bringt sein Blut in 2,8 Sekunden von null auf hundert. Rahel ist eine wahre Augenweide, heiß wie Frittenfett und scharf wie 'ne Chilischote! Mannomann, was für eine Braut!

Gott überrascht ihn, inmitten des Dialogs mit den Hirten, mit einem seiner weiblichen Meisterwerke! Jakob kann sein Glück nicht fassen, inmitten von diesen miesepetrigen, müffelnden Hirten einer so schönen Frau zu begegnen! Vor lauter Freude verdrückt er heimlich ein Tränchen und verteilt ein Busserl. Küss die Hand, schöne Frau, Ihre Augen sind so blau! Alter Charmebolzen.

Auf der Flucht vor seinen eigenen Fehlern trifft er auf den unerwarteten Segen Gottes.

Vielleicht kämpfst du noch mit gewissen Charakterschwächen, gegen eine Sucht, mit deinem Selbstwertgefühl, oder du versuchst jemand zu sein, der du gar nicht bist. Piepegal, Gott kann dir heute, hier und jetzt und trotz deiner Schwächen und Nöte begegnen und dich segnen! Warum? Weil du trotz allem den Glauben an Gott behalten hast! Fettes Ausrufezeichen.

Mehr noch, Gott will uns nicht nur mit seinem Segen immer wieder überraschen, er wird sogar Dinge in Bewegung bringen, von denen du nicht mal wusstest, dass die sich überhaupt bewegen können.

Mein lieber Scholli, mach dich ready für eine Bewegung Gottes in deinem Leben.

Jakob heiratete Rahel, nachdem er zuerst ihre Schwester zur Frau bekam. Für alle Nicht-Elefanten mit wenig ausgeprägtem Gedächtnis: siehe vorheriges Kapitel. In der Folge segnete Gott ihn mit vielen Kindern und Enkelkindern.

Dann, im hohen Alter, nahezu blind wie eine Bratwurst, entschied er sich, seinen Söhnen und Enkeln seinen Segen weiterzugeben. Nett von ihm! Die Jungs seines Sohnes Josef standen vor ihm, und Jakob war im Begriff, seine Enkel zu segnen, indem er ihnen die Hände auflegte. Doch im letzten Augenblick kreuzte er seine Hände, so dass die rechte Hand auf Ephraim, dem Jüngeren, und die linke Hand auf Manasse, dem Älteren, zu liegen kam. Das war eigentlich nicht standesgemäß, denn die rechte Hand symbolisierte den besseren Segen und war zu dieser Zeit für den Älteren bestimmt – also Manasse.

Josef, der Vater der beiden Söhne, beschwerte sich deswegen lauthals bei Jakob. Jakob wiederum konterte locker aus dem künstlichen Hüftgelenk:

1. MOSE 48,19: «Aber Jakob wehrte ab: ‹Das weiß ich›, sagte er. ‹Sei unbesorgt, auch die Nachkommen Manasses sollen zu einem großen Volk werden. Aber sein jüngerer Bruder soll noch größer werden als er; seine Nachkommen sollen zu einer ganzen Menge von Völkern werden.›» (GNB)

So ist auch unser Gott. Er hat auch für dich Veränderungen bereit, die absolut unlogisch, unverdient und unverhältnismäßig sind. Du wirst Segen erleben, an Positionen gebracht werden und Menschen kennen lernen, die heute noch außerhalb deiner Vorstellungskraft sind. Gott wird vielleicht wie bei Ephraim seine Hände kreuzen und zu dir sagen: «Ich werde dich von ganz hinten nach ganz vorne bringen. Du magst vordergründig dafür nicht qualifiziert sein, doch mich kümmert das wenig. Hier, nimm das volle Paket meines Segens!»

Wenn Gott dich nach vorne katapultiert, wird es immer Menschen geben, die sich daran stören und denken: «Der hat das aber nicht verdient. Das ist nicht fair. Ich habe härter dafür gearbeitet. Ich habe doch die geeignetere Ausbildung und bin in der besseren Position dafür!» Vielleicht haben sie sogar recht.

Doch es ist nie dein Verdienst, sondern die Güte Gottes, die dich in Bewegung bringt. Das darfst du nie vergessen! Du wirst in Häusern wohnen, die du nie gebaut hast, und von Weinreben essen, die du nicht gepflanzt hast. Nicht, weil du es verdient hättest, nein, ganz einfach, weil du Gott in deinem Leben die Ehre gibst.

In der Bibel lesen wir von vielen solcher Beispiele, bei denen Gott seine Hände kreuzte und Menschen in Bewegung brachte:

Mose sagt zu Gott: «Gott, nicht ich. Ich stottere und bin, was das Reden angeht, völlig talentfrei wie ein Seepferd. Ich kann definitiv nicht vor den Pharao treten.»

Gott antwortet ihm: «Mose, dafür, dass du anscheinend nicht reden kannst, hast du gerade ziemlich viel gesagt. Also erst mal Klappe halten, und zweitens mach dir keine Sorgen. Ich kenne da einen Trick. Hände kreuzen. Der funktioniert immer. Ich gebe dir, was du brauchst. And now move. Üb schon mal folgenden Text: Uaahh, Mister Pharao, Baby, let my people go!»

Gideon wendet ein: «Gott, ich komme aus der ärmsten und schwächsten Familie. Ich bin der Letzte, der fähig wäre, eine Armee zu führen.»

Gott schaut ihn an und entgegnet ihm: «Gideon, sorge dich nicht. Ich kreuze meine Hände, du wirst eine göttliche Veränderung erleben. Ich hole dich von ganz hinten nach ganz vorne. Du wirst diese Armee führen. Darauf kannst du wetten. Am besten deine Schwachheit. Und jetzt mach schon mal ein paar Liegestützen!»

David hätte sagen können: «Gott, ich bin zu klein, zu jung und zu unerfahren. Hier ist eine ganze Armee von erfahrenen Soldaten, die tausendmal mehr Talent besitzen als ich, um sich diesem Goliat zu stellen.»

Gott erwidert: «Tolle Rede, Hirte! Und recht hast du auch. Ich könnte einen von ihnen wählen, doch ich kreuze meine Hände und hole dich aus dem Hintergrund nach vorne. Du wirst mit mir zusammen nicht nur dieses Monster ausknocken, sondern auch der nächste König werden!»

EPHESER 3,20–21: «Gott kann unendlich viel mehr an uns tun, als wir jemals von ihm erbitten oder auch nur ausdenken können. So mächtig ist die Kraft, mit der er in uns wirkt. Gepriesen sei er in der Gemeinde und durch Jesus Christus in alle Ewigkeit! Amen.» (DGN)

WAHRHEIT NR. 2: GOTTES STÄRKE RUHT IN DIR

Jeden Tag werden wir mit kleinen oder großen Herausforderungen und Schwierigkeiten konfrontiert. Wir stehen im Stau, werden vom Chef angeschnauzt, haben eine kleine Uneinigkeit mit unserem Ehepartner, bevor es zur Arbeit geht, oder fühlen uns überfordert, weil die Kinder mal wieder ihr Zimmer in Harmagedon verwandelt haben.

Wir haben immer wieder die Wahl, wie wir auf solche Situationen reagieren. Statt sie Gott abzugeben, nehmen wir die Schwierigkeiten oft selbst in die Hand und sagen uns:

«Das ist ungerecht. Ich muss sofort schauen, dass ich wieder zu meinem Recht komme!»

Lustigerweise habe ich schon so oft erlebt, wie sich Gott um all meinen Stress, die Ungerechtigkeiten und Schwierigkeiten kümmert, wenn ich es schaffe, diese Dinge in aller Ruhe in die Hände Gottes zu legen. Gott sorgt besser für mein Recht, als ich es tun kann. Lasse ich es los, setzt Gott sich dafür ein. Ein unglaublicher Mechanismus! Seine Kraft ist größer, sein Erbarmen und sein Einsatz lohnen sich viel mehr, und ich komme am Ende besser aus den Schwierigkeiten heraus.

Jakob ließ sich auch nicht aus der Ruhe bringen und brachte dafür Gott ins Spiel.

Insgesamt schuftete er vierzehn Jahre für Rahel. Nach dieser Zeit ging er zu seinem Onkel und war der Meinung, dass seine Zeit gekommen war, wieder zurück ins Land seiner Familie zu reisen.

1. MOSE 30,25–28: «Nachdem Rahel ihm Josef geboren hatte, sagte Jakob zu Laban: ‹Lass mich nun frei! Ich möchte in meine Heimat zurückkehren!› […] Aber Laban erwiderte: ‹Tu mir den Gefallen und bleib noch! Solange du da warst, stand ich unter einem günstigen Stern, und der Herr hat mir Glück und Wohlstand geschenkt. Was willst du künftig als Lohn? Ich gebe dir, was du verlangst.›» (DGN)

Jakob will nach Hause. Jetzt. Doch so einfach ist das nicht. Der Onkel will ihn einfach nicht gehen lassen. Mit Jakob an seiner Seite ist er gesegnet. Die Tiere vermehren sich übernatürlich, und Gott lässt alles gelingen, was Jakob in die Hände nimmt. Jakob ist Labans persönlicher Glücksbringer, der Goldesel oder auch die Cashcow!

Laban schafft es mit seinen Überredungskünsten, Jakob vorübergehend zum Bleiben zu bewegen. Doch nur unter einer Bedingung:

1. MOSE 30,31–33: «‹… wenn du mir eine einzige Bedingung erfüllst, werde ich auch künftig für deine Herden sorgen: Ich werde heute aus deiner Herde alle schwarzen, schwarzgefleckten und schwarzgesprenkelten Schafe und alle weißgescheckten und weißgesprenkelten Ziegen entfernen. Wenn danach noch ein gesprenkeltes oder geflecktes Ziegenlamm oder ein schwarzes Schaflamm geworfen wird, soll es mir als Lohn gehören. Du wirst künftig auf einen Blick sehen können, ob ich ehrlich gegen dich bin: die Farbe meiner Tiere wird für mich zeugen.›» (DGN)

Whaaaat?! Was hat Jakob da wieder gegessen? Mir scheint das Ganze auf den ersten Blick kompliziert. Wenn wir uns genauer damit auseinandersetzen, sehen wir schnell, dass dieser Deal zum Nachteil von Jakob ist. Jakob wusste also: Wenn er aus der Geschichte als Sieger herauskommen will, muss Gott deftig heftige Wunder tun, und das nicht nur einmal, sondern immer wieder. Die Wahrscheinlichkeit, dass zwei reinfarbige Tiere gesprenkelte, gefleckte oder sogar schwarze Junge werfen, ist superklein.

Laban wittert das Geschäft seines Lebens und denkt: «Wie dumm ist mein Neffe eigentlich? Fließt durch unsere Adern wirklich dasselbe Blut? Jakob muss bei der Intelligenzvergabe ganz hinten angestanden haben.»

Doch Jakob wusste, dass Gott auf seiner Seite ist. Er lernte in den vorherigen Situationen, dass er einen Gott hat, der jeden Tag ein Teil seines Lebens sein will und ihn in den unmöglichsten Situationen segnen kann. So auch hier bei diesem scheinbar miserablen Deal; Gott kann dafür sorgen, dass er sich zu seinen Gunsten auszahlt. Und genau so war es!

IMG_0489.jpg

1. MOSE 30,37–43: «Jakob schnitt sich Zweige von Pappeln, Mandelbäumen und Platanen und schälte Streifen von der Rinde ab. Die weißgestreiften Stecken legte er in die Tränkrinnen, wenn die Tiere zum Trinken kamen; denn er wusste, dass sie sich dort paarten. Außerdem ließ Jakob die Tiere bei der Paarung in Richtung auf die gestreiften und dunkelfarbigen Tiere der Herde Labans blicken. So kam es, dass sie gestreifte, gesprenkelte und gescheckte Junge warfen. Die Jungen nahm Jakob beiseite und bildete eine eigene Herde daraus. Er legte die Stecken aber nur dann in die Tränkrinnen, wenn die kräftigen Tiere sich begatteten; bei den schwächlichen Tieren tat er es nicht. So bekam Jakob die kräftigen Jungtiere und Laban die schwachen. Jakob wurde sehr reich und besaß schließlich viele Herden, dazu Esel, Kamele, Sklaven und Sklavinnen.» (DGN)

Was auch immer Jakob da genau angestellt hat und inwieweit dieser ganze «Hokuspokus» mit den Stäben etwas damit zu tun hat, wir wissen es nicht. Was wir aber wissen: Gott höchstpersönlich segnete Jakob überreich und sorgte dafür, dass sein Deal mit Laban zu seinen Gunsten aufging.

So ist es auch bei uns. Mit Gott auf unserer Seite können wir immer wieder erleben, wie sogar widrige Umstände und Dinge, die gegen uns zu sein scheinen, sich zu unseren Gunsten auszahlen.

Gott sagt in Psalm 110,1:

«Setze dich an meine rechte Seite! Ich will dir deine Feinde unterwerfen, sie als Schemel unter deine Füße legen.» (GNB)

Gott wird uns unsere Feinde wie auch die uns widerfahrenen Ungerechtigkeiten und Situationen unterwerfen. Auch wenn dein Krankenbericht alles andere als gut aussieht, du aufgrund eines Problems in deinem Job nicht mehr schlafen kannst oder dich hintergangen fühlst: Denk daran, Gott will dir all die Stresssituationen unterwerfen. Er wird sie dir sinnbildlich als Schemel unter deine Füße legen.

Komm zur Ruhe und übergib deine Situation Gott, er wird sich um all deine Sorgen und Herausforderungen kümmern. Er kümmert sich um dein verletztes Herz und sorgt sich um die Situationen, die hoffnungslos erscheinen. Er wird das Ganze zum Guten wenden. Hundert Prozent!

Gott hat dir nicht nur jede herausfordernde Situation unter deine Füße gelegt, sondern dich auch mit einer unglaublichen Stärke ausgerüstet, um aus jedem Kampf siegreich herauszugehen. Voller neuer Hoffnung kannst du sagen: «Ich bin stark durch meinen Gott und werde siegen.»

Wenn du beginnst, starke und hoffnungsvolle Worte über deinem Leben auszusprechen, kannst du negative Gedanken in die Schranken weisen und alles Schwere von dir abschütteln. Als Folge arbeitet dein Immunsystem plötzlich besser, du fühlst dich gesünder und verfügst über mehr Energie und Lebensfreude. Nebenbei wirst du außerdem weiser und bist in der Lage, clevere Entscheidungen zu fällen.

Und dann hängt im Büro vom Feind Gottes, unserem Widersacher, ein Bild von dir, unter dem geschrieben steht: «Vorsicht, gefährlich!»

Du stellst eine große Gefahr für ihn dar, und in der unsichtbaren Welt fürchtet man sich vor dir. Schließlich bist du ein Kind des höchsten Gottes; des Gottes, der alle Macht hat, der das ganze Universum geschaffen hat, der das Böse mit allem, was dazugehört, in die Schranken gewiesen und den Tod besiegt hat! Dadurch hat Gott dir eine brandneue und heiße «Ich kann es, und ich schaffe es!»-Mentalität geschenkt. Das ist eine unglaubliche Kraft, vor der sich alle finsteren Mächte fürchten. Beginne heute, dich so zu sehen, wie sie dich sehen. Und so, wie Gott dich geschaffen hat.

Keine Herausforderung ist das Ende für dich.

Kein Zerbruch, kein Versagen, keine Situation und keine Not sind unüberwindbar für dich.

Steh auf, streck dich und richte deinen Kopf himmelwärts. Sei dir bewusst, wer und was du bist. So wird sich das Blatt, das zuerst gegen dich zu sein schien, von der einen Sekunde auf die andere wenden.

David sagt in 2. Samuel 22,37.39–40:

«Du [Gott] hast den Weg vor mir frei gemacht, nun kann ich ohne Straucheln vorwärtsgehen. [...] Ich schlug [meine Feinde] zu Boden und brachte sie zur Strecke; sie fielen vor meine Füße und kamen nicht mehr hoch. Du gabst mir die Kraft für diesen Kampf!» (DGN)

WAHRHEIT NR. 3: GOTT KANN SOGAR DEINE FEINDE GEBRAUCHEN, UM DICH ZU SEGNEN

Unglaublich, aber wahr! Schau dir David an. Der kleine Hirtenjunge David wird beauftragt, seinen Brüdern, die sich auf dem Schlachtfeld befinden, Futter zu bringen. Als er an der Front eintrifft, begegnet er einem Haufen Jammerlappen. Goliat, ein Riese und Soldat der Gegner von Davids Volk, sucht lauthals einen Freiwilligen, um sich mit ihm zu kloppen.

Doch alle israelitischen Krieger haben Muffensausen und weiche Knie. Keiner gibt das natürlich zu. Sie schauen weg, knabbern an den Fingernägeln und putzen die Schwerter: «Hat da jemand was gesagt?»

David schüttelt nur den Kopf und denkt sich: «Weicheier!», schnappt sich seine selbstgebastelte Steinschleuder und stellt sich dem Feind seines Volkes. Gekonnt beamt er einen spitzen Stein mit voller Wucht an Goliats Stirn. Volltreffer! Goliat sackt zusammen und verstummt für immer.

Gott hat diesen Feind speziell für David dort hingestellt. Der Sieg gegen Goliat wird nämlich zum Sprungbrett für Davids Karriere. Dank diesem Sieg wird König Saul aufmerksam auf ihn, stellt ihn als Waffenträger und Harfenspieler ein und holt ihn somit direkt vom Feld an den Königshof. Das ist der fulminante Start von Davids Karriere als zukünftiger König von Israel. Goliat, Davids Gegner, wird dabei zum perfekten Sprungbrett. Watch and learn! (Nebenbei: Die Reihenfolge der Geschehnisse rund um David könnte, je nach Auslegung, auch leicht anders gewesen sein. Aber das Fazit ist bei allen Auslegungen dasselbe.)

Jede noch so große Niederlage kann Gott in einen Sieg für dich verwandeln. Jeder noch so große Gegenwind in unserem Leben kann zu einem Antrieb werden. Jede noch so hoffnungslose Situation kann sich zu deinem größten Fortschritt entwickeln.

Wenn wir keine harten und herausfordernden Zeiten erleben, zeigt sich auch nie wirklich, was in uns steckt. Es ist wie bei einer Orange. Willst du ihren Saft genießen, musst du sie auspressen. Es braucht Druck, damit aus dieser Frucht Saft fließt. Genauso ist es auch bei uns. Wenn du dich in einer Drucksituation oder einer hoffnungslosen Lage befindest oder dich mit einem schier unlösbaren Problem konfrontiert siehst, dann denk daran, dass Gott dir das Problem als Sprungbrett schenkt. Und jetzt viel Mut beim Absprung für den 3-fachen Auerbach!

JOHANNES 4,14: «Wer aber von dem Wasser trinkt, das ich ihm geben werde, wird nie mehr Durst haben. Ich gebe ihm Wasser, das in ihm zu einer Quelle wird, die bis ins ewige Leben weitersprudelt.» (GNB)

Entscheide dich im Heute, im Hier und Jetzt zu leben und das Beste aus dem Moment herauszuholen.

Vielleicht trägst du den Traum in dir, einmal ein Unternehmen aufzubauen oder zu leiten. Du siehst dich auf dem Chefsessel sitzend, wie du souverän die Firma managst. Du träumst von den fähigsten Mitarbeitern. Sie ehren dich, sind loyal und geben stets ihr Bestes. Du bist der glücklichste Chef auf dem Planeten Erde, gehst von einem Erfolg zum nächsten und bist ein gefragter Referent, von dem andere lernen wollen.

Dieses Bild von deiner Zukunft unterscheidet sich jedoch diametral von den Umständen, in denen du dich gegenwärtig befindest. Momentan bist du ein gewöhnlicher Arbeitnehmer mit launischem Chef und versuchst täglich, deinen Arbeitstag möglichst schnell und schmerzfrei hinter dich zu bringen. Hmm.

Egal, wie dein Bild der Zukunft auch aussehen mag, selten entspricht es der Realität. Die Frage, die bleibt, ist: Was kannst du jetzt tun, um deinem Ziel näherzukommen und die göttliche Segensexplosion zu erleben?

Abwarten und Tee trinken? Ich denke nicht.

- Beginne damit, der Arbeitnehmer zu werden, den du selbst mal leiten möchtest. Du entscheidest dich, ab sofort der loyalste, aufopferndste, disziplinierteste und treuste Arbeitnehmer in deinem Unternehmen zu werden.
- Beginne, der Ehepartner zu werden, den du gerne mal heiraten möchtest.
- Beginne, der Mensch zu werden, mit dem du gerne befreundet sein möchtest.
- Beginne andere so zu behandeln, wie du gerne behandelt werden möchtest.

Dadurch wird Gott dich näher ans Ziel deines Lebens bringen. Gleichzeitig wirst du ready für die Explosion.

Viele Menschen verpassen diese Explosion, weil sie nicht im Hier und Jetzt die Möglichkeiten nutzen, die Gott ihnen über den Weg schickt. Sie wollen direkt zum Ziel. Ohne Schweiß, Fleiß und Preis wollen sie auf perfekter Welle von Erfolg zu Erfolg surfen.

Doch Gott wird dein und mein Leben erst mit einer Explosion und einem überraschenden Segen beleben, wenn er sieht, dass wir tatsächlich das Beste aus unseren Möglichkeiten herausholen.

- Ohne zu säen, werden wir nämlich auch nie ernten.
- Ohne Loyalität keine Ehre.
- Ohne Demut kein Sieg.
- Ohne Disziplin kein Erfolg.

Es liegt schlussendlich immer wieder nicht ganz unwesentlich in deinen und meinen Händen, ob wir gesegnet werden können oder nicht. Und ob wir unser Potenzial nutzen und uns der Welt verschenken, damit Gott uns weiterführen kann.

Ich möchte dich zum Schluss ermutigen: Du bist genau die richtige Person am richtigen Platz.

Dein Job ist nicht falsch, dein Umfeld stimmt, und deine Arbeitskollegen warten darauf, dass du ein Wunder für sie wirst.

Nutze die Möglichkeiten, die sich dir heute bieten.

Ich wünsche uns allen immer wieder den Mut, das anzupacken, was vor unseren Füßen liegt; den Menschen zu dienen, denen wir heute begegnen, und ein Segen für sie zu werden.

EPHESER 1,18–20: «Er öffne euch die Augen, damit ihr seht, wozu ihr berufen seid, worauf ihr hoffen könnt und welches unvorstellbar reiche Erbe auf alle wartet, die zu Gott gehören. Ihr sollt erfahren, mit welcher unermesslich großen Kraft Gott in uns, den Glaubenden, wirkt. Ist es doch dieselbe gewaltige Kraft, mit der er am Werk war, als er Christus von den Toten auferweckte und ihm in der himmlischen Welt den Ehrenplatz an seiner rechten Seite gab!» (Hfa)

versteckte meisterwerke

KAPITEL 7

Es kann sein, dass du dich benachteiligt oder vernachlässigt fühlst. Und ja, vielleicht bist du es tatsächlich. Doch anstatt zu hadern, schlage ich dir frech vor, Gott herauszufordern und selbstbewusst zu sagen:

«Gott, ich bin bereit für deinen Segen. Ich weiß, du hältst etwas Geniales und Einzigartiges für mich bereit. Ich weigere mich, das Leben eines niedergeschlagenen Menschen zu leben. Ich weiß, dass mein Nachteil, meine schlechten Umstände oder meine Behinderung geniale Möglichkeiten für dich sind, deine wahre Größe und Macht an mir zu zeigen.»

Das ist genau das, was Tony Meléndez tat. Er kam ohne Arme zur Welt. Doch als kleiner Junge verspürte er den Drang, Gitarre zu spielen. Tony hätte zu sich selber sagen können: «Au Backe, saudumm gelaufen. Ich habe keine Arme, das wird wohl nie was mit dem Saitenzupfen. Dann muss ich das wohl Elvis überlassen.» Doch stattdessen sagte er zu sich: «Ich habe zwar keine Arme, aber hey, ich habe Füße – sensationelle Füße! Ich habe zwar keine Finger, aber ich habe Zehen, und sogar zehn an der Zahl.»

Tony lernte mit seinen Füßen Gitarre zu spielen. Und macht damit Elvis ernsthaft Konkurrenz und spielt Eric Clapton (fast) an die Wand![5]

Mach es wie Tony. Gib dich nicht auf, auch wenn alles gegen dich zu sein scheint. Denn wenn Gott einen Traum in dein Herz legt, schenkt er dir auch die Umsetzung. Auch wenn er dir dafür eben Füße anstatt Hände gibt.

Als Gott dich geschaffen hat, hat er sich einen langersehnten Traum erfüllt. Gott dreht regelmäßig vor Freude über dich durch und jubelt, wenn du am Morgen das Spielfeld betrittst. Fetter, ohrenbetäubender Applaus mit seinen Riesenhänden! Mit dir ist ihm ein Meisterwerk gelungen. Definitiv!

Doch leider gurken viele Menschen mit dem Etikett «beschädigt» rum. Kaputt, verbraucht, hoffnungslos – und sie fühlen sich wie Aktionsware. Zweitklassig. Doch all deine Gefühle ändern nichts an der unumstößlichen biblischen Wahrheit von Epheser 2,10:

«You are God's masterpiece.» – «Du bist Gottes Meisterwerk.»

Es gibt auch Menschen, die das Gefühl haben, sie seien unerwünscht. Weil sie von ihren Eltern hören mussten: «Du warst nicht geplant und schon gar kein Wunschkind.»

Solche Aussagen tun extrem weh, sie sind aber so wahr wie die Existenz vom Yeti. Nämlich gar nicht. Für Gott ist kein Baby eine Überraschung, keine Schwangerschaft ein Zufall und schon gar kein Unfall! Theologisch beginnt der Start unseres Lebens nämlich nicht im Bauch unserer Mutter, sondern bei Gott.

Sorry, Mütter! Du und ich, wir sind einzig und allein auf dieser Welt, weil Gott uns gewollt, geplant und genau zu diesem Zeitpunkt, in diese Familie, an diesen Ort gesteckt hat. Der Beweis dafür? Der Bauchnabel. (Als du im Bauch deiner Mum komplett gebildet warst, hat er gesagt: «Du bist fertig!», und hat dabei mit dem Zeigefinger auf deinen Bauch gedrückt und dich sanft rausgeschubst.)

Ich komme nicht von meinem leiblichen Vater oder meiner Mutter, ich komme nur durch sie auf diese Welt. Ich liebe und achte meine Eltern, aber ich wurde nicht von ihnen kreiert. Gott hat mich ausgedacht. Wie geil ist das denn!?!

Wenn dir also Menschen einzureden versuchen, dass du zu wenig talentiert, zu wenig schön oder zu wenig intelligent bist, stopf dir Petersilie in die Ohren, lächle charmant und denk an Gott.

Er hat dich mit unglaublich viel Liebe und Fantasie erschaffen und mit Potenzial ausgestattet, welches nur du allein ausleben kannst. Du bist weder durchschnittlich noch ein Fließband-Produkt nach Schnittmuster 08/15, geschweige denn zu wenig schnittig. Nope! Du bist im Ebenbild Gottes erschaffen, also «allererste Sahne»-mäßig, göttlich, in allen Belangen herausragend, Baby, yessa!

Gott schaut dich jeden neuen Tag an. Und er so: «Wohooooooooo, da ist sie ja, meine superklasse dufte Prinzessin!» Oder: «Maaan, was für ein dufter Typ, Saaaahnnnee!» Und dann klopft er sich selbst auf die Schulter: «Gut gemacht, oh ja!»

PSALM 139,13–16: «Du hast mich geschaffen mit Leib und Geist, mich zusammengefügt im Schoß meiner Mutter. Dafür danke ich dir, es erfüllt mich mit Ehrfurcht. An mir selber erkenne ich: Alle deine Taten sind Wunder! Ich war dir nicht verborgen, als ich im Dunkeln Gestalt annahm, tief unten im Mutterschoß der Erde. Du sahst mich schon fertig, als ich noch ungeformt war. Im Voraus hast du alles aufgeschrieben; jeder meiner Tage war schon vorgezeichnet, noch ehe der erste begann.» (GNB)

Diese Verse aus der Bibel gehören zu meinen persönlichen Favourites. Der Schreiber bringt hier so schön zum Ausdruck, wer wir in den Augen Gottes sind. Ich liebe den Teil, wo er schreibt: «An mir selber erkenne ich: Alle deine Taten sind Wunder.»

Jetzt stell dich mal vor den Spiegel und bewundere dich, schließlich bist du ein Wunder! Am besten kreischst du dann noch dazu, so wie du es machen würdest, wenn Justin Bieber da stehen würde oder Patrick Swayze, wenn du schon ein wenig älter bist. Und weiblich.

Jede Frau und jeder Mann muss lernen, sich mit sich selbst zu versöhnen und sich als das zu sehen, was Gott geschaffen hat: ein Wunder. Das ist nicht immer einfach und des Öfteren sogar ein regelrechter Kampf gegen das eigene Spiegelbild. Falls du ihn wieder einmal zu verlieren scheinst, legst du dich am besten acht fette Stunden aufs Ohr und stellst dich dem Spiegel am nächsten Morgen wieder. Und siehe da, da steht plötzlich wieder ein Strahlemann oder eine wunderschöne Diva!

Aber Gott hat uns ja nicht nur einen äußeren Anstrich verpasst, sondern uns auch innerlich vollbepackt mit herrlichen Talenten, Spezialfähigkeiten und großartigen Features. Ich beobachte immer wieder, dass Menschen – sobald sie ihre Fähigkeiten entdecken und sie dann auch wirklich einsetzen – auch äußerlich schöner und harmonischer werden. Ganz ohne Botox und Rumgeschnippel vom Beauty Doc.

GEWICHTE DIE ZUSAGE GOTTES MEHR ALS DAS NEGATIVE IN DEINEM LEBEN

Egal, in welcher Situation wir uns befinden: Wir sollten lernen, kraftvolle und ermutigende Worte über uns und unseren Mitmenschen auszusprechen. Worte, die wir aussprechen, sind wie eine Saat, die früher oder später aufgehen wird.

Wenn Worte, negative oder positive, deinen Mund verlassen, hauchst du ihnen genau in diesem Moment Leben ein. Und wenn du sie immer wieder repetierst, werden sie Realität. Wir prophezeien durch unsere Aussagen unsere Zukunft. Das ist praktisch, denn du musst definitiv kein Geld für einen Wahrsager ausgeben. Was aber noch viel cooler ist: Durch starke und positive Worte kannst du dein Leben in eine gute Richtung lenken. Himmelwärts ist total im Trend!

Wenn du wieder einmal in der Gefahr stehst, dass negative Worte deinen Mund verlassen wollen und sich die Biester schon vorne auf der Zunge zum Ausbruch versammelt haben, schluck sie runter, verdaue sie schnell, scheide sie aus und spüle sie runter. Auf Nimmerwiedersehen, Jungs, und viel Spaß in der Kanalisation!

Wir lesen in der Bibel, wie das der Verfasser der Sprüche so schön beschreibt:

SPRÜCHE 18,21: «Worte haben Macht: Sie können über Leben und Tod entscheiden. Wer sich gerne reden hört, muss mit den Folgen leben.» (Hfa)

Vor dieser Herausforderung, das Gute zu sehen und zu gewichten sowie sich selbst so anzunehmen, wie man ist, standen auch Lea und Rahel, die beiden Frauen von Jakob.

Wie wir ja schon ausgearbeitet haben, hat Jakob für die beiden Schwestern zusammen vierzehn Jahre bei seinem Onkel im Schweiße seines Angesichts gerackert. Lea hatte er zuerst geheiratet, obwohl er sie gar nicht wollte. Eine harte Hypothek für sie. Nicht gewollt, nicht begehrt und in den Augen von Jakob auch nicht so attraktiv wie ihre jüngere Schwester Rahel. Sehr schlechte Voraussetzungen für eine erfolgreiche Ehe, geschweige denn für ein glückliches Leben.

1. MOSE 29,17: «Lea hatte glanzlose Augen.» (Hfa)

Oder an einer anderen Stelle lesen wir:

1. MOSE 29,30: «Jakob ... liebte [Rahel] mehr als Lea!» (Hfa)

Lea wollte sich nicht kampflos dem Schicksal ergeben und sagte sich: «Ich werde Jakob beweisen, dass auch ich liebenswert bin!» Dafür mussten Kinder her, am besten gleich eine ganze Fußballmannschaft für den Herrn Gemahl.

Kinder waren damals ein Zeichen von Segen, Gunst und Reichtum. Der soziale Status einer Frau hat sich über ihre Fruchtbarkeit definiert. Das bedeutet: Je mehr Kinder eine Frau ihrem Mann geben kann, desto höher sind ihr Ansehen und ihre Stellung in der Gesellschaft.

Und so begann eine Kids-Battle unter den Schwestern, die in die Geschichte einging.

1. MOSE 29,31–35: «Doch weil Lea weniger geliebt wurde, schenkte der Herr ihr Kinder, während Rahel kinderlos blieb. Lea wurde schwanger und bekam einen Sohn. Sie nannte ihn Ruben, denn sie sagte: ‹Der Herr hat meine Not bemerkt, jetzt wird mein Mann mich lieben.› Schon bald wurde sie wieder schwanger und bekam einen zweiten Sohn. Sie nannte ihn Simeon, denn sie sagte: ‹Der Herr hat gehört, dass ich nicht geliebt werde, und hat mir auch noch diesen Sohn geschenkt.› Wieder wurde Lea schwanger und bekam einen weiteren Sohn, und sie sagte: ‹Ganz sicher wird mein Mann mir jetzt seine Zuneigung schenken, denn ich habe ihm drei Söhne geboren!› Daher nannte sie ihn Levi. Danach wurde sie ein weiteres Mal schwanger und bekam einen Sohn. Sie sagte: ›Nun will ich den Herrn preisen!› Daher nannte sie ihn Juda. Danach bekam sie eine Zeit lang keine Kinder mehr.» (NLB)

Lea legte einen explosiven Start hin, machte einen auf Gebärschnellzug und ließ Rahel alt aussehen. Sie gebar in folgender Reihenfolge folgende Söhne mit folgenden Namen und folgenden Bedeutungen:

1. Sohn: Ruben – Seht, ein Sohn

Sie dachte: «Jetzt habe ich es Rahel und meinem Mann gezeigt, jetzt wird er mich lieben.» Durch ein klares Zeichen des Sieges versucht Lea, ihren Mann endgültig für sich zu gewinnen.

2. Sohn: Simeon – Erhörung

Ein Kind ist ein Wunder, doch um dieses Wunder noch zu untermalen, braucht's ein zweites. Gott erhört Lea und stellt sich ein zweites Mal klar auf ihre Seite. Zu Rahel sagt sie: «Äääätsch!»

3. Sohn: Levi – Zuneigung

Jetzt war sie sicher: «Durch den dritten Sohn werde ich mir die Zuneigung von Jakob verdienen. Jetzt muss er mich lieben. Jetzt muss er zu mir stehen. Ich habe ihm immerhin drei Kinder geboren, und Rahel ist so extrem unschwanger und flach wie Holland! Jakob, siehst du es nicht? Drei Kinder habe ich rausgepresst! Ich bin verflixt noch mal eine Heldin! Eine Superfrau! Eine gebärende Wahnsinnsstute! Jaaaaa, hallo, hier bin ich! Hör mal auf, ständig Rahel anzuglotzen, die dumme Kuh, das unfruchtbare Früchtchen!»

Lea sehnte sich so sehr nach Jakobs Anerkennung, dass dies in den Namen ihrer Kinder zum Vorschein kam. Doch beim vierten Kind scheint sich alles geändert zu haben. Der vierte Sohn heißt nämlich:

4. Sohn: Juda – Lobpreis

Bei Juda lesen wir:

1. MOSE 29,35: «‹Nun will ich den Herrn preisen!› Daher nannte sie ihn Juda. Danach bekam sie eine Zeit lang keine Kinder mehr.» (NLB)

Wir lesen nichts davon, dass Jakob sie endlich sah, ihr die Liebe gab, die sie verdiente, und ihr den nötigen Respekt schenkte. Rahel blieb nach wie vor die Lieblingsfrau von Jakob. Trotzdem scheint sich mit Juda der Blickwinkel von Lea zu verändern. Sie fängt in ihrer unvorteilhaften Situation an, Gott zu loben.

Spannend ist, wenn wir den Stammbaum von Jakob anschauen, dass Gott die Geschichte nicht mit Ruben, Simeon oder Levi weiterschreibt, sondern mit Juda, bei dem Leas Motivation erstmals so richtig stimmte.

Ruben hat nämlich mit den Nebenfrauen von Jakob geschlafen, Simeon und Levi haben gegen ein Gebot verstoßen, indem sie sich für eine falsche Tat anderer, für die schon Buße getan wurde, rächten. Somit fielen alle drei aus der göttlichen Linie, und Juda rückte nach. Er war der Stammvater von Boas, der wiederum wurde zum Großvater von David, und David war der Vorfahre von Jesus!

Dazu lesen wir in der Offenbarung:

OFFENBARUNG 5,5: «Doch einer von den Ältesten sagte zu mir: ‹Weine nicht! Einer hat gesiegt; er kann das Buch öffnen und seine sieben Siegel brechen. Es ist der Löwe aus dem Stamme Juda, der Nachkomme von König David.›» (Hfa)

Erst als die Motivation von Lea stimmte, die sich trotz ihrer etwas widrigen Umstände aufs Positive fokussierte, konnte Gott ihren Sohn segnen und dessen Geschichte weiterschreiben.

Wenn wir es trotz unserer negativen Umstände schaffen, Gott die Ehre zu geben, schenkt er seinen Segen. Nicht nur uns, sondern auch der kommenden Generation.

DAS GUTE MUSS AUF DIE WAAGSCHALE

Du kannst nur eine Sache auf die Waagschale deines Lebens legen. Du entscheidest immer wieder, wem und was du Gewicht geben willst: entweder dem Schlechten, dem Hoffnungslosen, den negativen Gedanken – oder aber der Hoffnung, dem Guten und den Zusagen Gottes über deinem Leben.

Das Wort «gewichten» heißt in der Bibel «kabed», das auch für «ehren» verwendet wird. Dieses Wort gebraucht die Bibel im Zusammenhang von Gott und Mensch, zum Beispiel in 2. Mose 20,12 («Ehre deinen Vater und deine Mutter»). Gott gewichtet den Menschen höher als alles andere, er ehrt ihn sogar, wenn wir hier die Bedeutung des Wortes in seiner Vollständigkeit erfassen.

Gott gewichtet dich als sein Meisterwerk, als sein Gegenüber, als ein Wesen, das ihm fast gleich ist (vgl. dazu 1. Mose 1,26–28).

Er gewichtet nicht deine Taten, deine Sünden oder deine Schwächen. Und genau deshalb solltest auch du beginnen, das Gute zu gewichten, indem du kraftvolle Worte über dir aussprichst.

Die Menschen in deinem Umfeld werden gerne mit dir zusammen sein, weil du positiv und inspirierend bist. Glück und Freude werden zu deinen besten Kumpels, und du strahlst Hoffnung aus, auch wenn nicht alles so läuft, wie du es gerne hättest.

Lea & Rahel

Gehen wir zu Lea zurück. Auf den ersten Blick war Rahel mehr gesegnet als Lea. Rahel war die, die schon auf dem Pausenhof von allen Jungs umschwirrt wurde. Sie wurde immer als Erste im Sportunterricht in die Mannschaft gewählt, und bei der Klassenfete standen sie bei ihr Schlange für den nächsten Tanz und warteten mit glänzenden Augen, feuchten Händen und dämlichem Dauergrinsen auf ihre dreieinhalb Minuten bei einer Phil-Collins-Schnulze mit dem Mädchen ihrer Träume.

Und Lea? Wer war das schon wieder? Ah ja, die Schwester von Rahel. Mit ihr verbrachten die Jungs höchstens Zeit, um ein Foto von Rahel abzustauben. Rahel gewann die Herzen, nicht Lea. Auch das von Jakob. Für sie ackerte und rackerte er.

Das tat ich auch. Für Susanna. Praktisch so lange wie Jakob. Drei Monate. Es fühlte sich aber wie Jahre an.

Nach der ersten Woche wollte sie mich nicht. Ich dachte: «Das kann doch gar nicht sein!» In der zweiten Woche gab sie mir noch eine klarere Abfuhr. Ich war leicht irritiert. In der dritten Woche schoss mich meine Venus zum Lichtjahre entfernten Mond. In der vierten Woche war ich verzweifelt. Doch irgendwie blieb ich dran. Und nach drei Monaten sagte sie dann endlich: Ja! Und ich fiel vor Glück fast in Ohnmacht. Ich kämpfte drei Monate um sie, weil ich sie unbedingt wollte.

Jakob aber kämpfte sieben Jahre für Rahel. Er arbeitete Tag für Tag für Tag für sie, unentgeltlich. Der Lohn, der ihn erwartete, war Rahel. Das war ihm genug. (Und dann musste er noch mal sieben Jahre für sie kämpfen … äh … arbeiten.)

Um Lea kämpfte er hingegen keine Sekunde. Sie war nie auf seinem Radar. Nichts in ihm regte sich, wenn er sie sah. Höchstens ein Brusthaar vom Wind, wenn sie an ihm vorbeiging.

Vielleicht fühlst du dich manchmal auch wie Lea. Niemand nimmt dich wahr. Andere gewinnen immer wieder die Gunst, du nicht. Du fällst nicht auf und fühlst dich übergangen. Aber weißt du, was? Das ist nur ein Teil deiner Geschichte. Denn wie in Lea schlummern großartige Möglichkeiten und Talente in dir drin. Das weiß ich. Weil Gott nur Meisterwerke erschafft. Manchmal erkennt die Welt das eben erst etwas später oder auf den zweiten Blick, wie bei Picasso zum Beispiel.

Lea hätte nach drei Kindern sagen können: «Ich höre auf. Bringt nix. Jakob schaut mich nicht mal mit seinem Hintern an. Überhaupt, warum soll ich mir noch Mühe geben?» Doch Lea reagierte nicht so. Statt bitter zu werden, versöhnte sie sich mit ihrer Situation und fand überraschenderweise irgendwo auf einem langen Spaziergang die Dankbarkeit gegenüber Gott. Und Gott überhäuft sie förmlich mit Segen. Wie weiter oben schon erwähnt, wird ihr Sohn Juda zum Stammvater von Jesus, dem Erlöser für die ganze Welt. Sensation!

Gott denkt in unglaublichen Dimensionen, wenn er dich im Sinn hat. Das verklickerte er mir letzten Sommer. Zuerst war ich mit meiner Familie in den Schweizer Bergen unterwegs. Sie zeigten sich wieder mal von ihrer Schokoladenseite, und ich flippte komplett aus: diese riesigen Felstürme vor blaustem Himmel. Saftige Wiesen davor und Wasserfälle. Und Steinböcke und Murmeltiere und ...! In meinem Ohr jodelte es unaufhörlich! Es war perfekt!

Eine Woche später stand ich am Grand Canyon. Ich flippte zum zweiten Mal in einer Woche aus. Was für eine unglaubliche Wahnsinnsmonsterschlucht, Mannomann! Ich hörte kein Jodeln, sondern Gottes leise, liebevolle Stimme: «Leo, was glaubst du, was ist das größte, genialste und wunderschönste Werk, das ich jemals erschaffen habe? Die Schweizer Berge? Oder der Grand Canyon? Was denkst du?»

Und während ich so am Grübeln und Abwägen bin, nimmt er die Antwort vorweg: «Du, deine Frau, deine Kinder, all ihr Menschen, ihr seid mein größtes Werk. Ihr alle seid die Krönung meiner Schöpfung. DAS Highlight! Die Crème de la Crème!»

Da vergoss der kleine Leo am großen Canyon eine Träne.

Wir lesen in der Bibel, wie der Berichterstatter den Abschluss der Schöpfung, den Moment, als Gott den Menschen schuf, beschreibt:

1. MOSE 1,26: «Dann sagte Gott: ‹Jetzt wollen wir den Menschen machen, unser Ebenbild, das uns ähnlich ist!›» (Hfa)

Als Gott die Erde schuf, hat er sich das Beste bis zum Schluss aufgehoben: den Menschen. Als er Adam schuf, jubelte er und freute sich: «Jetzt schau dir den Kerl mal an, wohoooo! Einfach nur großartig!» Er musterte ihn und war unglaublich stolz auf seine Schöpfung. Dann schuf er Eva aus der Rippe des Mannes.

Ich liebe diese Reihenfolge. Zuerst Adam, den Mann, und dann Eva, die Frau. Über Adam freute sich Gott, er hat mit ihm etwas wirklich Einzigartiges und Geniales erschaffen. Doch mit Eva hat er sich nochmals übertroffen. Im Vergleich zu ihr war Adam die Vorab-Skizze für das Meisterwerk! Eva ist einfach nochmals eine Klasse für sich! Premium Quality! Allergrößtes Kino in Farbe und 7-D! Bei Gott geht es immer aufwärts. Jede neue Schöpfung hat die vorherige nochmals übertroffen.

Doch warum kann ich schreiben, dass die Frau wirklich die Krone von Gottes Schöpfung ist? Ganz einfach: Der Name der ersten Frau – Eva – kommt aus dem Hebräischen und bedeutet: «Leben». Schauen wir einen Vers aus der Schöpfungsgeschichte an:

1. MOSE 2,22–23: «Aus der Rippe machte [Gott] eine Frau und brachte sie zu dem Menschen. Der freute sich und rief: ‹Endlich jemand wie ich! Sie gehört zu mir, weil sie von mir genommen ist.›» (DGN)

Spannend finde ich, dass in der Schöpfungsgeschichte immer vom «Mensch» die Rede war, bis Gott Eva schuf. Erst als Adam Eva sah und sie ihn mit ihrem Anblick belebte und umhaute, realisierte er, dass er ein Mann ist. Erst von dem Moment an, als Eva galant, adrett und smashing das große Parkett der Menschheitsbühne betritt, spricht man von «Mann und Frau».

Vor diesem heiligen Zeitpunkt der Begegnung mit Eva war der Mann kein Mann, sondern ein identitätsloses Wesen namens «Mensch». Eva, die Frau, hat ihn belebt und ihm gezeigt, wer er wirklich ist. In ihrem Anblick hat der Mensch sich selbst gefunden.

Wir Männer brauchen die Frauen. Ohne sie wären wir orientierungslose Wesen auf der Suche nach unserer wahren Identität. Die Frauen sind die,

die Leben spenden, die den Alltag der Männer beleben und uns Männern zeigen, wer wir wirklich sind.

Ein japanisches Sprichwort sagt: «Ohne Frauen würde es weder Tag noch Nacht geben!» Das eine oder andere männliche Wesen ist jetzt vielleicht kurz davor, das Leben dieses Buches zu beenden, indem er es als Brennmasse für den Grill verwendet. Ich gebe zu, das Ganze ist aus männlicher Sicht vielleicht ein bisschen einseitig. Und ja, ohne uns Männer ginge es natürlich auch nicht. Wer würde sonst Fußball gucken oder seitlich einparken? ;-) Wir sind geschaffen, um einander gegenseitig zu ergänzen und zu dienen.

Doch die ganze Schöpfungsgeschichte in der Bibel zeigt uns noch etwas Tieferes auf: Gott hat nichts dem Zufall überlassen. Er hat den Mann geschaffen, ihm ein Gegenüber geschenkt, in welchem er sich selbst erkennt. Dies tut Gott auch heute noch. Jedes Lebewesen ist eine einzigartige, nicht zufällige und wunderschön geschaffene Kreation, die Gottes DNA in sich trägt. Und sie ist es, die uns so einzigartig und so unverschämt wertvoll macht.

Gehen wir nochmals zurück zu Adam und Eva. Sie begehen im Paradies den entscheidenden ersten Fehler. Sie lehnen sich gegen Gott auf und essen von einer verbotenen Frucht. Danach erkennen sie: «Uups, wir sind ja nackig!», und sie hören, wie Gott ihnen im Paradies entgegenkommt. Mit schlechtem Gewissen verstecken sie sich. Ein schwieriges Unterfangen, wenn im großen Abendspiel der allsehende Gott der Gegner ist:

1. MOSE 3,8–11: «Am Abend, als ein frischer Wind aufkam, hörten sie, wie Gott, der HERR, im Garten umherging. Ängstlich versteckten sie sich vor ihm hinter den Bäumen. Aber Gott, der HERR, rief: ‹Adam, wo bist du?› Adam antwortete: ‹Ich hörte dich im Garten und hatte Angst, weil ich nackt bin. Darum habe ich mich versteckt.› ‹Wer hat dir gesagt, dass du nackt bist?›, fragte Gott.» (Hfa)

Gottes erste Reaktion ist simpel und einfach: «Wer hat dir das gesagt?»

Genauso fragt uns Gott auch immer wieder:

- Wer hat dir gesagt, dass du dein Leben nicht erfolgreich meistern wirst?
- Wer hat dir gesagt, dass du nie einen passenden Beruf erlernen wirst?
- Wer hat dir gesagt, dass Gott keinen Plan mit deinem Leben hat?
- Wer hat dir gesagt, dass du nicht liebenswert genug bist, um erfüllende Freundschaften zu leben?
- Wer hat dir gesagt, dass du zu wenig attraktiv bist, um jemals zu heiraten?
- Wer hat dir gesagt, dass deine Ehe garantiert in die Brüche gehen wird, weil es in deiner Familie schon immer so war?
- Wer hat dir gesagt, dass etwas nicht in Ordnung ist mit dir?

Wer hat dir das gesagt? Gott? Nein. Im Paradies war es der Feind Gottes in Form einer Schlange, heute sind es all die negativen Gedanken, die immer wieder zu uns sprechen.

Ich weiß, der Glaube an Gott und unsere positive Selbstwahrnehmung wachsen nicht automatisch. Vor allem aber wachsen sie nicht, wenn wir uns immer wieder mit diesen unsagbar negativen und zerstörerischen Gedanken abgeben. Der Glaube und unser Selbstwert können aber wachsen, wenn wir uns auf die gute Stimme Gottes fokussieren, die voller Erbarmen ist. Erbarmen, das wir in den dunkelsten Stunden unseres Lebens brauchen.

IM TAL DER TRÄNEN

Im ersten Teil der Bibel lesen wir die Geschichte einer Frau, der ein Prophet Gottes einen Sohn verspricht. Dieser Sohn kommt wie versprochen zur Welt, doch zehn Jahre später stirbt er.

Was würdest du tun? Ich denke, die meisten von uns würden klagen und trauern. Manche würden nach einer Zeit des Trauerns wieder zurück in den Alltag des Lebens finden. Doch einige würden in der Trauer und im Leid stehen bleiben und Gott mit der berühmten Warum-Frage löchern. Ihr Herz würde bitter, und sie verlören nach und nach die Freude am Leben.

Die Reaktion der Frau in dieser Geschichte ist spannend. Ihr Sohn stirbt, und statt sich der Trauer hinzugeben und sich erst mal tüchtig auszuheulen, steigt sie auf einen Esel und macht sich auf, um den Propheten, der ihr das Versprechen gegeben hatte, zu besuchen. Dieser sieht sie schon von weitem kommen und schickt ihr seinen Diener entgegen mit dem Auftrag, sich zu erkundigen, wie es der Frau gehe. Ihre Antwort auf die Frage des Dieners, der den Namen «Gehasi» trägt, ist:

2. KÖNIGE 4,26–27: «‹Ja, ja, es geht uns gut›, antwortete sie auf Gehasis Frage. Doch kaum war sie bei Elisa auf dem Berg, da fiel sie vor ihm nieder und umklammerte seine Füße. Gehasi wollte sie wegstoßen, aber Elisa wehrte ab: ‹Lass sie! Irgendetwas bedrückt sie sehr, aber ich weiß nicht was, denn der HERR hat mir nichts gesagt.» (Hfa)

Die Frau lügt dem Diener mitten ins Gesicht. Es geht ihr so gut wie einem Frosch im Mixer. Doch die Frau weiß, dass Gehasi nicht der Richtige ist, um ihm ihr Leid zu klagen, deshalb behält sie ihre wahren Gefühle lieber für sich. (Männer können das normalerweise besser.) Doch bei Elisa, dem Propheten, zeigt sie dann ihre Trauer, und alle Dämme brechen.

Die Frau wusste, wo ihr Ort war, an dem sie ihr Leid, ihre Sorgen und ihre Nöte deponieren konnte. Auch wir sollten unsere Orte kennen, an denen wir aus tiefstem Herzen ehrlich sein und mit Hilfe rechnen können. Das mag der geschützte Rahmen von einem intakten Freundeskreis sein, der Ehepartner und auch die Beziehung zu unserem himmlischen Vater, der uns tiefen Trost und herzliches Erbarmen spenden kann.

Auch Rick Warren, ein großartiger und viele Menschen prägender Pastor aus den USA, verlor seinen 27-jährigen Sohn, der Selbstmord beging. Rick und seine Frau erlebten das Schlimmste, was Eltern passieren kann. Hilflosigkeit und Fragen über Fragen breiten sich nach einem solch leidvollen Verlust bei den Zurückgebliebenen aus.

Rick Warren bezog daraufhin ein Timeout von sechs Monaten und sagte danach Folgendes:

«Gott sagt: ‹Ich will dich nicht verlassen noch von dir weichen› (Hebräer 13,5). Das verspricht Gott vom ersten bis zum letzten Buch in der Bibel: ‹Ich verlasse dich nicht.› Am Tag, als Matthew starb, kam mir in den Sinn: Gott weiß, wie das ist, wenn man seinen Sohn verliert. Viele haben mich gefragt: ‹Wo war Gott, als Matthew starb?› Er war ebenso da wie am Tage, als sein Sohn starb. Er weinte, er trauerte.»[6]

Rick Warren schrieb nach diesem traumatischen Erlebnis von sechs Phasen, die er durchmachte.

Phase 1: Der Schock

Immer, wenn geliebte Menschen zu früh sterben oder uns das Leben mit einem unerwarteten, harten Schicksalsschlag trifft, ist es für uns ein Schock. In solchen Momenten tauchen aus dem Nichts Fragen auf, Schmerz macht sich in unserer Seele breit, Verlustgefühle lösen sich mit innerer Leere ab. In all dieser Brutalität dürfen wir nie vergessen:

Menschen sind nicht unser Besitz, und gerade der Tod, der Verlust und die Trennung machen uns dies immer wieder schmerzlich bewusst. Ein gesunder Körper ist keine Selbstverständlichkeit, und eine überraschende Krankheit oder ein Unfall, der unseren Körper behindert, zeigt uns unsere Schwächen und Grenzen auf.

Alles, was wir haben (und leider oftmals als selbstverständlich sehen), ist eigentlich ein Geschenk Gottes an uns. Ein Geschenk auf begrenzte Zeit.

Eine Frage, die dann aufkommen kann, ist: Warum lässt ein liebender Gott Schmerzen und Leid zu? Warum enttäuscht er uns?

Gott erfüllt uns nicht jeden Wunsch, er lässt Leid zu. Und manchmal sterben geliebte Menschen viel zu früh, und die Fragen nach dem «Warum?» bleiben dann unbeantwortet.

In jenem Moment erscheint ein Leben ohne Gott logischer als ein Leben mit diesem himmlischen Vater, der diesen Schmerz, diese Hoffnungslosigkeit und diesen Verlust zulässt.

Gott in dieser schrecklichen Situation loszulassen, ist eine Option. Aber sie führt in eine Richtung, in der es keine Hoffnung gibt. Dessen muss sich der Mensch bewusst sein.

Wenn du bei Gott bleibst, geht er mit dir durch die nächste Phase.

Phase 2: Die Trauer

Wir trauern um das Gewesene, den geliebten Menschen, die Freude, die Gesundheit und die Möglichkeiten, die verloren gegangen sind.

Die Phase der Trauer ist wichtig und trägt zum späteren Heilungsprozess bei. Die einzige Gefahr besteht darin, dass man darin stehen bleibt. Deshalb besteht die Herausforderung darin, dich nach einiger Zeit weiterführen zu lassen.

Menschen, die zu früh sterben, und Schicksalsschläge, die uns widerfahren, prägen und verändern uns. Doch Gott hat in deiner Zukunft mehr für dich bereit. Lass dich nach einer Zeit der Trauer weiterführen.

Eine Frau im Umfeld unserer Kirche hat ihren geliebten Ehemann viel zu früh verloren.

Da war sie nun. Alleine. Mit vielen Träumen im Herzen, was sie noch alles zusammen erleben wollten. Sie stand da mit vielen Fragen und ergab sich anschließend der Trauer um ihren geliebten Mann. Doch noch bevor sie in der Phase des Trauerns abtauchte, sagte sie zu einer guten Freundin: «Ich werde jetzt sechs Monate um meinen Mann trauern. Doch nach genau dieser Zeit musst du mich anrufen und mir sagen, dass jetzt die Zeit der Trauer vorbei ist. Du musst mir befehlen, damit aufzuhören, die Trauerkleider abzulegen und einen Strich zu ziehen. Ich weiß nicht, ob ich es alleine schaffe. Aber ich will nach dieser Zeit wieder beginnen, weiterzuleben.»

Samuel, der Prophet, der Saul zum König salbte, erlebte Ähnliches. Er gab alles für Saul, investierte sich in ihn und hatte große Hoffnungen in diesen Mann. Eines Tages sagt ihm Gott, dass er jetzt einen neuen König salben soll. Das war zu viel für Samuel. Er fühlte sich als Versager und hatte zudem keinen Bock, sich noch einmal in einen neuen König zu investieren. Er hatte die Schnauze gestrichen voll. Er hatte weder Energie noch Kraft

IMG_1459.jpg
IMG_1539.jpg

noch Saft, sich auf einen neuen König und einen neuen Auftrag einzulassen. Da sagt Gott zu ihm:

1. SAMUEL 16,1: «Wie lange trauerst du noch um Saul? Ich habe ihn verstoßen; er kann nicht länger König über Israel sein. Fülle jetzt ein Horn mit Salböl und gehe nach Betlehem zu Isai. Unter seinen Söhnen habe ich mir einen als König ausgewählt.» (GNB)

Wie lange willst du noch trauern? Auch uns stellt Gott nach einer Zeit der Trauer diese Frage. Er fordert uns nach gegebener Zeit auf, wieder aufzustehen und weiterzugehen.

Phase 3: Der Kampf

Als Jesus am Kreuz hing, kurz vor dem Sterben, kämpfte er. Er schrie zu Gott: «Warum, mein Gott, hast du mich verlassen?»

Warum, Gott, lässt du das zu? Warum, Gott, muss ich solch einen schweren Schmerz erleben? Warum fühle ich mich so leer? Warum?

Auf viele Warum-Fragen in unserem Leben werden wir nie eine Antwort erhalten. Sogar die Frage von Jesus am Kreuz ließ Gott unbeantwortet.

Auch Jakob erlebte unerklärlichen Schmerz bei seinem Kampf mit Gott:

1. MOSE 32,23–29: «Mitten in der Nacht stand Jakob auf und überschritt mit seiner ganzen Familie an einer seichten Stelle den Jabbokfluss. Seine Frauen und Nebenfrauen, die elf Söhne und all seine Herden brachte er glücklich auf die andere Seite. Nur er allein blieb zurück. Da trat ihm ein Mann entgegen und kämpfte mit ihm bis zum Morgengrauen. Als der andere sah, dass sich Jakob nicht niederringen ließ, gab er ihm einen Schlag auf das Hüftgelenk, so dass es sich ausrenkte. Dann sagte er zu ihm: ‹Lass mich los; es wird schon Tag!› Aber Jakob erwiderte: ‹Ich lasse dich erst los, wenn du mich gesegnet hast.› ‹Wie heißt du?›, fragte der andere, und als Jakob seinen Namen nannte, sagte er: ‹Du sollst von nun an nicht mehr Jakob heißen. Du hast mit Gott und mit Menschen gekämpft und hast gesiegt; darum wird man dich Israel nennen.›» (DGN)

Diese Geschichte ist so unglaublich schräg. Warum sollte Jakob mit Gott kämpfen? Noch merkwürdiger ist, dass er den Kampf ja nicht einmal begann. Nein, Gott pöbelte rum und suchte den Streit mit ihm, und wenn wir das Ganze jetzt noch möglichst neutral betrachten, müssen wir feststellen, dass Gott nicht einmal fair kämpfte. Er hat nach einem langen Ringkampf, bei dem keine Entscheidung in Aussicht war, einfach mal so seine Macht missbraucht und Jakob – zack – die Hüfte bearbeitet. Das Ausrenken einer Hüfte ist tierisch schmerzhaft. Jakob schrie wohl wie am Spieß.

Und wer war der Verursacher des Schmerzes? Gott! Und wie hat Jakob darauf reagiert? Er hat trotz allem an Gott festgehalten und zu ihm gesagt: «Ich lasse dich erst los, wenn du mich gesegnet hast.» What a story!

Jakob ließ Gott nicht los. Er erkämpft sich seinen Segen. Mit bitteren Schmerzen und zusammengebissenen Zähnen schaut er ihm tief in die Augen, steht seinen Mann und ist Gott ein Gegenüber.

Er hielt trotz seines Leids und rasender Schmerzen an der Gewissheit fest, dass Gott der ist, der ihn segnen kann, obwohl er sein Leid zugelassen hat.

Wir alle erleben solche Kämpfe in unserem Leben. Du und ich kennen den Schmerz in verschiedener Intensität: den Schmerz von Tod, Enttäuschung, unerfüllten Wünschen und Sehnsüchten, von Krankheiten und Trennungen, Zweifeln und Ängsten. Auch wenn wir diesen Schmerz nicht wollen und versuchen, ihm den Rücken zuzuwenden, gehört er zum Leben.

Doch was machen wir, wenn uns Situationen in unserem Leben fast den Glauben kosten? Oder anders gesagt: wenn der Glaube durch einen Schicksalsschlag «auszurenken» droht und wir uns nicht mehr zurechtfinden? Wenn kleinere oder größere Knochen des Glaubens brechen und wir unsere Hoffnung und das Vertrauen verlieren und unter dem Schmerz des Verlustes nach Luft schnappen?

1. Du läufst davon

Wir können den Weg des Davonlaufens wählen und uns von Gott verabschieden. Warum sollten wir noch an einen Gott glauben, der solche unerhörten Dinge in unserem Leben zulässt? Warum sollten wir uns noch an einen Gott wenden, der einem den geliebten Menschen nimmt?

2. Du klagst Gott an

Wir können auch den Weg der Anklage unter die Füße nehmen. Jemand muss ja die Schuld für mein Leid tragen. Wir beklagen uns über Gott. Die Frage nach dem «Warum?» bleibt im Raum stehen und gewinnt, je länger sie da im Raum stehen bleibt, an Kraft. Die Folge davon sind Verbitterung und ein misstrauisches Herz.

3. Du resignierst

Als dritte Variante steht uns der Weg der Resignation zur Wahl. Unsere Ansprüche an Gott werden heruntergeschraubt. Gott verliert schleichend seine Kraft in unserem Leben, und wir resignieren in unserem Glauben. Die Hoffnung auf ein gutes Ende, auf ein besseres Leben, auf eine neue Perspektive und den Sieg in unserem Leben stirbt nach und nach weg. Unser Glaube wird zum Kleinglauben. Oder noch schlimmer: zum Unglauben. Wir werden zu harmlosen und wirkungslosen Christen. Gottes Zuständigkeit in unserem Leben betrifft nur noch die Ewigkeit und nicht mehr den direkten Segen. Ein vorsichtiger Umgang mit Gott ist die Folge davon. Denn wir wollen ja nicht noch einmal enttäuscht werden.

4. Du wählst den Weg des Glaubens

Es gibt aber noch den vierten Weg: den Weg des Glaubens, bei dem wir Gott trotz allem nicht loslassen. Wenn wir es mit der Zeit schaffen, uns mit unserem Schicksal abzufinden und uns von der Trauer zu lösen, dann entdecken wir das Göttliche im Leid, das Sinnvolle und Würdevolle im Sterben, das Kraftvolle im Schmerz.

Gott weiß, was die Zukunft bringt. In ihr liegt immer Hoffnung. Das ist der große Pluspunkt in einem Leben mit Gott.

Phase 4: Du ergibst dich

Du lässt die Warum-Fragen los. Du gibst nicht Gott, sondern deine Fragen, deinen Schrei nach Rechtfertigung und nach Gerechtigkeit auf. Du ergibst dich in die Hände Gottes und lässt ihn machen.

Gehen wir nochmals zum Kreuz. Jesus hängt dort, die Jünger schauen ihn verzweifelt an und begreifen die Welt nicht mehr. Das heißt, die Jünger, die noch da sind – fast alle haben sich in die Hosen und vom Acker gemacht, genau in dieser Reihenfolge. Einsam, von den Menschen verlassen und – gefühlt – sogar von Gott, stirbt Jesus. Er ergibt sich ins Geschehen.

Der Punkt ist: Die Geschichte ist hier nicht zu Ende. Jesus stand drei Tage später von den Toten auf und hat den Tod besiegt. Jesus weiß genau, wie es dir und mir ergeht, weil er es selber erlebt und erfahren hat. Er hat das alles mit sich machen lassen, um uns immer wieder zu sagen, dass es am Schluss gut kommt. Und wenn es noch nicht gut ist, dann ist es noch nicht der Schluss. Diese Botschaft hat eine unglaubliche Kraft!

Jesus ist nicht im Grab vermodert, und niemand hat jemals mehr ein Wort über einen schwachen, hilflosen Möchtegern-Gott verloren, wie es viele damals voraussagten, nein! Er kam zurück ins Leben. Und wie! Es ist das Comeback des Jahres, des Jahrhunderts, des Jahrtausends; das Comeback aller Zeiten! Durch Jesus sagt Gott zu uns:

Vertrau mir. Leg dein Schicksal in meine Hände, es kommt alles gut!

JOHANNES 3,16: «Denn Gott hat der Welt seine Liebe dadurch gezeigt, dass er seinen einzigen Sohn für sie hergab, damit jeder, der an ihn glaubt, das ewige Leben hat und nicht verloren geht!» (NGÜ)

Phase 5: Die Heiligung

Gott nimmt das zerbrochene Herz, die sinnlosen Fragen und unsere Leere und macht etwas Heiliges draus.

Und dieser Gott machte aus der scheinbar größten Niederlage von Jesus seinen größten Sieg.

Gott heiligt den Tod seines Sohnes, und mit der Auferstehung von den Toten besiegt Gott endgültig all den Schmerz, all die Sünde, die Hoffnungslosigkeit, die Leere und die Trennung zwischen Gott und den Menschen. Durch diese Tat stellt Gott alles, was er bisher getan hat, in den Schatten, und besiegt die Mächte der Finsternis.

Nach dem größten Schmerz fängt das Wunder an. Gott schafft daraus etwas Unglaubliches und Heiliges.

Phase 6: Die Botschaft deines Lebens

Wenn wir nicht in einer ersten Phase der Trauer stecken bleiben, kann Gott das uns widerfahrene Leid gebrauchen, damit wir dadurch anderen Menschen helfen können. Aber lassen wir doch noch einmal Rick Warren zu Wort kommen:

«Gott nimmt deinen größten Schmerz und verwandelt ihn in eine Botschaft des Lebens. Er nimmt das, was dir am peinlichsten ist, das, was du am meisten bereust, dessen du dich am meisten schämst – und benutzt es, um Gutes im Leben von anderen hervorzubringen.

Wer kann Eltern eines Kindes mit einem Down-Syndrom besser helfen als Eltern, die selbst ein solches Kind haben? Wer kann einem Suchtkranken besser helfen als jemand, der selbst mit der Sucht gekämpft hat? Das, worüber wir am liebsten schweigen würden, benutzt Gott, um anderen zu helfen: Dein Dienst erwächst aus deinem Schmerz. Und deshalb können wir Frieden haben, auch wenn das Leben sinnlos erscheint. Weil Gott bei uns ist und uns liebt.

27 Jahre lang habe ich jeden Tag gebetet, dass Gott die psychische Krankheit meines Sohnes heilen möge. Denn sein Leben war voller Qual und Schmerzen. Meine Gebete sind nicht erhört worden. Und das habe ich nicht verstanden. Wir hatten die besten Ärzte, die beste Medizin, die besten Therapien. Abertausende beteten. Und dann das: Es ergab keinen Sinn. Nach Matthews Tod habe ich in mein Tagebuch geschrieben:

Ich will lieber mit Gott leben und keine Antwort auf meine Fragen bekommen, als ohne ihn zu leben und alle Antworten zu kennen!

Warum? Weil Erklärungen nicht helfen, wenn man vor Schmerz vergeht. Wir brauchen keine Erklärungen; wir brauchen Gott!»[7]

Lieber Vater im Himmel, ich danke dir heute aus tiefstem Herzen für das größte Geschenk in meinem Leben. Das bist du. Und mit dir die Hoffnung. Die Hoffnung, dass am Ende alles gut kommt! Amen.

KAPITEL 8

die option

Kennst du das Gefühl, dass sich Gott nur für die guten, heiligen und radikalen Menschen interessiert? – Mein Gefühl sagt, dass dein Gefühl lügt. Die Gnade Gottes für dein Leben kennt keine Grenzen, macht nie Pause und fließt unaufhörlich wie die Quelle vom Valser Wasser in den Bündner Bergen.

Wenn wir es schaffen, trotz unserer Herausforderungen und Fehler an Gott festzukleben, wird er uns immer wieder mit seiner Gnade beschenken. Gott hat einen Sensor eingebaut, der immer dann wie verrückt piepst, wenn ein Mensch die Gnade Gottes braucht und sie sucht. Egal, wie groß die Pleite ist, Gott setzt alle Hebel der Welt und des Himmels in Bewegung, um dieser Person mit seiner superfreshen Liebe zu begegnen.

Jesus ist der lebende Beweis dafür. Er hängt am liebsten mit den schwarzen Schafen, Außenseitern und Menschen mit Rockerjacke und bösen Tattoos am Oberarm ab.

Beispiel gefällig? Zachäus, der zu kurze Zöllner. Weil er sein eigenes Volk skrupellos abzockte, war er so beliebt wie Whistleblower Edward Snowden in seiner Heimat Amerika und wurde von der jüdischen Bevölkerung gemieden.

Eines Tages hörte er jedoch, dass Jesus in der Stadt sei. Weil er aber zu klein war, konnte er ihn in der Menge nicht sehen. Als er es mit Hüpfen versuchte, krachte er gegen das Kinn eines größeren Zeitgenossen und wurde anschließend von diesem noch einen Kopf kleiner gemacht. Er wollte schon entmutigt von dannen ziehen und in seiner Lieblings-Bar eins über den Frust trinken, als ihm die zündende Idee kam. Er dachte an Mogli aus dem Urwald und kletterte auf den nächsten Baum, um sich einen Überblick zu verschaffen.

Jesus zog an ihm vorüber, und wir lesen, was danach geschah:

LUKAS 19,5: «Als Jesus an dem Baum vorüberkam, schaute er hinauf und rief: ‹Zachäus, komm schnell herunter! Ich muss heute in deinem Haus zu Gast sein.›» (NGÜ)

«Ich muss …»,

… sagte Jesus. Aber eigentlich muss doch Jesus nichts, und wenn, dann sicher nicht mit einem Halsabschneider und Leute-Abzocker zusammen aus dem gleichen Topf Gulasch essen. Doch Jesus musste wirklich. Aus einem einzigen Grund: Die Gnade Gottes trieb ihn dazu an. Er konnte nicht anders. Gott steckte ihm:

«Hier ist ein Mensch, der offen ist für meine Hilfe. Er braucht sie unbedingt! Du musst Zeit mit ihm verbringen und ihm helfen.»

Gottes Gnade sucht auch dich.
Jeden Tag. Im 24-Stunden-Schichtbetrieb.

Unser Leben ist wie ein Glas voll mit Wasser. Kristallklares, reines Schweizer Wasser. Bleiben wir beim Valser Wasser. Klares Wasser bedeutet: Es läuft alles wie geschmiert. Deine Ehe läuft rund, die Kids sind gesund und quicklebendig, die Arbeit bringt Spaß im täglichen Maß, du fühlst dich fit wie ein Asics Running Schuh, und in deiner Seele ist Frühüüüliing!

So stellen wir uns Segen vor. Doch immer mal wieder wird aus dem Frühling Winter, und das ohne Sommer und Herbst zwischendrin. Alles geht schief, und laufen tut's auch nicht mehr rund. Das Einzige, was läuft, ist die Nase von den vielen Tränen.

Fragen kommen auf: «Warum muss das mir passieren? Wieso geht alles schief? Es scheint kein Ende zu nehmen! Wo ist der Segen Gottes in meinem Leben?» Das Wasser im Glas ist trübe geworden. Es verfärbt sich schwarz. Du verlierst dabei den Durchblick und bist in der Gefahr, Gottes Gegenwart aus den Augen zu verlieren.

Was machst du jetzt? Wie wird das Wasser wieder klar?

Du schüttest neues Wasser rein. Reines, kristallklares Wasser, bis das Glas überfließt – und zwar so lange, bis sich die dunkle Farbe durch das neue Wasser herausgewaschen hat.

Wie bringen wir also wieder Klarheit, Segen und neue Energie in unser Leben? Indem wir trotz unserer Fragen und Nöte bei Gott bleiben. Gott wäscht das Dunkle aus unserem Leben raus. So, wie nur er das kann, tausend Mal besser als Meister Proper. Gottes Erbarmen stellt uns wieder her. Es mag seine Zeit dauern, aber er kriegt das Glas hin! Und dann Prost!

Auch Nehemia, ein anderer Mann aus der Bibel, sagt:

NEHEMIA 13,22: «Hab Erbarmen mit mir, denn deine Gnade ist grenzenlos!» (Hfa)

Gottes Gnade ist grenzenlos und sucht trotz allem, was wir erleben und durchmachen, immer wieder unser Bestes. Jakob erlebte viele herausfordernde Zeiten, und doch wusste er, dass Gott immer noch ein Ass im Ärmel hat, nämlich seine Gnade. Und der beste Freund der Gnade sind die Wunder Gottes. Gottes Antwort auf Jakobs widerfahrenes Leid war schlussendlich immer größer und spektakulärer.

Jakob diente einem Gott, der ihn immer wieder mit Segen überraschte. Mit einem Segen, der sein Leben, sein Leiden, seine Not und seine Fragen überdauerte.

Im letzten Kapitel lernen wir von Jakob, dass Gottes Segen zur alles überragenden Kraft wird, die alles überwindet.

HALTE AM TRAUM GOTTES FEST

1. MOSE 35,16–17: «Danach verließen sie Bethel und zogen weiter. Als sie nur noch ein kurzes Stück von Efrata entfernt waren, setzten bei Rahel starke Geburtswehen ein. Sie krümmte sich vor Schmerzen, doch die Hebamme rief ihr zu: ‹Nur Mut, du hast wieder einen Sohn!›» (Hfa)

Du hast wieder einen Sohn! Nachdem Lea Jakob viele Kinder geschenkt hatte, stieg auch Rahel ins Business ein. Nach Josef schenkt Rahel Jakob einen zweiten Sohn. Herzliche Gratulation!

Spannend ist nicht nur die dramatische Schilderung der Geburt, sondern auch die Tatsache, dass Jakob einen kurzen Zwischenhalt in Bethel macht. Wer weiß noch, was er in Bethel erlebte, als er zum ersten Mal dort war? Genau, du Nerd! Er hat dort mit Gott verhandelt und zu ihm gesagt:

1. MOSE 28,20–22: «Dann legte Jakob ein Gelübde ab: ‹Wenn der Herr mir beisteht und mich auf dieser Reise beschützt, wenn er mir genug Nahrung und Kleidung gibt und mich wieder heil zu meiner Familie zurückbringt, dann soll er mein Gott sein! [...] Von allem, was er mir schenkt, will ich ihm den zehnten Teil zurückgeben!›» (Hfa)

Das war sein Kuhhandel. Wenn du, Gott, mich segnest, dann will ich an dich glauben. Und jetzt, Jahre später, ist er wieder in Bethel und baut Gott wieder einen Altar, und wir lesen:

1. MOSE 35,3: «Wir gehen jetzt nach Bethel. Dort will ich für Gott einen Altar bauen, denn er ist es, der in der Not meine Gebete erhört hat. Während meiner ganzen Reise bis hierher ist er immer bei mir gewesen!» (Hfa)

Seine Haltung hat sich geändert. Um fette 180 Grad. Er ist dankbar, demütig und burritomäßig mit tiefer Ehrfurcht gegenüber seinem Gott erfüllt. Er schielt auf sein Leben zurück und realisiert, dass Gott ihm während seiner ganzen Reise immer wieder geholfen, ihn bewahrt und geführt hat. Bethel wird für ihn zu einem Ort, an dem er Gott keine Bedingungen mehr stellt, sondern Gott gegenüber seinen tiefsten Dank zum Ausdruck bringt.

Der Ort der Dankbarkeit

Oftmals am Morgen steht Susanna, mein hübsches Madl, in aller Frühe auf, sucht den schönsten Platz in der Wohnung oder, wenn wir unterwegs sind, im Hotel. Alle diese Plätze haben etwas gemeinsam. Sie befinden sich an einem Fenster.

Bei uns zu Hause hat sie dort auch ihren Lieblingssessel platziert, mit ihrer Lieblingsdecke drauf, und ihr Lieblingsmann ist dann immer noch in seinem Lieblingsbett und träumt von seiner Lieblingsfrau – um wieder bei Susanna zu sein.

An ihrem Platz schaut sie in die Ruhe des Morgens und liest in der Bibel. So bereitet sie sich auf den Tag vor und stürzt sich anschließend mit dankbarem Herzen in die täglichen Herausforderungen.

Wo und wie startest du in den Tag? Hast du Orte, an denen du zur Ruhe kommen, dich wieder auf Gott ausrichten und seine Ermutigung finden kannst? Diese Erfahrung wird dein Dankbarkeits-Barometer massiv in die Höhe schnellen lassen.

Und der total positive Nebeneffekt äußert sich darin, dass du immer wieder zurück zu Gottes Traum und seinen Ideen für dein Leben findest.

Halte den Traum Gottes stets vor Augen

In der Bibel lesen wir von Serubbabel, dem Erfinder von «Mini Babybel». Nein, natürlich nicht. Aber trotzdem ein Name, der vielleicht für deinen nächsten Sohnemann taugen könnte. Auf jeden Fall war er ein Mann, der lange Zeit nach Jakob lebte.

Er wird von Gott berufen, den Wiederaufbau des Tempels in die Hand zu nehmen. Doch nach dem Pflastern der ersten Steine kommt das ganze Projekt ins Stocken, und er wird von Menschen, die gegen ihn und seine Ideen sind, ausgebremst. Zehn Jahre lang geschieht auf der göttlichen Baustelle nichts mehr.

Irgendwie erinnert mich das an den neuen Flughafen in Berlin …

Doch eines Tages kommt der Prophet Sacharja vorbei und sagt zu Serubbabel etwas sehr Interessantes: «Geh und hole den Schlussstein.» Der Stein, der reserviert ist, um ganz am Schluss den Bau abzuschließen. Deckel drauf und fertisch! Warum wird dieser Schlussstein so wichtig für Serubbabel? Ganz einfach: Immer, wenn er diesen Stein nun ansieht, erinnert er ihn daran, dass Gott beenden wird, was er mit ihm begonnen hat.

LUCKY

Besitzt du auch einen Schlussstein, den du immer wieder anschauen kannst? Ein Bild deiner Zukunft, deiner Visionen? Ein Bild, das dich daran erinnert, dass dein himmlischer Daddy erfolgreich beenden wird, was er mit dir angefangen hat?

Im Januar 2017 zogen wir nach über zwanzig Jahren Rumwandern und ohne fixe Location endlich in unser Zuhause ein – in die freaking awesome «Samsung Hall»! Die Eröffnungs-Celebration war für mich ein unglaublich berührendes Erlebnis. Pippi in den Augen, Gänsehaut sowohl am Laufmeter wie am Laufband, das ganze Programm!

Gefühlt seit 7589 Jahren sehnten wir uns als Kirche nach einem festen Zuhause, einem Ort, an dem wir sagen können: Hier können wir nach Lust und Laune mit allem Drumherum Kirche bauen, Beziehungen pflegen und Menschen dabei zusehen, wie sie aufblühen.

Doch dass diese Halle jetzt da ist, dass wir am Traum festhielten und nicht davon abwichen, dafür ist unter anderem eine ältere Frau verantwortlich.

Vor vielen Jahren war ich in einer Kirche eingeladen zum Predigen. Ich habe in meiner Rede von unserem Traum erzählt, eine Halle zu bauen, die ca. fünfzig Millionen kosten wird.

Nach dieser Predigt kam die besagte Frau auf mich zu, drückte mir fünfzig Euro in die Hände und sagte: «Herr Pastor Bigger, ich möchte die erste Spenderin sein. Hier sind fünfzig Euro. Und noch was, kleiner Mann mit großem Traum und Namen: Wenn Ihre Kirche nicht an diesen Traum glaubt, dann erinnern Sie sich an mich. Ich glaube daran!»

Ein einfaches Mütterchen aus dem großen weiten Deutschland legte mir den Schlussstein in meine Hände! Fünfzig Euro!

Tief berührt durch ihren Glauben nahm ich diesen Geldschein an, kaufte mir einen einfachen Bilderrahmen bei einem schwedischen Möbelhaus inklusive kleinem Fleischbällchen-mit-Pommes-Stopp und stellte den Fünfziger in diesem Rahmen aus. Neben meinem Bett. Ab sofort grinste er mich jeden Morgen keck an und sprach klar und deutlich, wenn auch ohne Worte: «Leo, ihr werdet diese Halle bauen, ihr werdet dieses Ziel erreichen. Auch wenn es noch viele Hürden gibt, ihr werdet als Kirche euer Zuhause finden!»

Heute, viele Jahre später, weiß ich, dass ich auch dank dem Glauben und der Ermutigung dieser einfachen Lady an unserem Traum festhalten konnte.

Wenn du das liest: Danke, aus tiefstem Herzen!

Ich ermutige dich, deine Zukunftsträume und Visionen zu visualisieren. Durch ein Bild, ein Symbol, das für den Schlussstein des Traums steht und dich hartnäckig jeden Tag daran erinnert, daran festzuhalten.

Der Traum von Rahel

Rahels Sehnsucht war, Jakob endlich noch einen zweiten Sohn zu schenken. Lea, ihre Schwester, brachte quasi im Minutentakt Kinder zur Welt, und sie blieb mit ihrem einzigen Sohn Josef irgendwie ein wenig auf der Strecke.

Gott erbarmt sich und öffnet die Schleusen des Himmels. Rahel wird zum zweiten Mal schwanger. Ende gut, alles gut? Nicht ganz. Auf der einen Seite geschieht ein unglaubliches Wunder, und Rahel bringt einen Sohn zur Welt. Und auf der anderen Seite wird Jakob von einem schweren Schicksalsschlag überrascht.

1. MOSE 35,18–19: «Aber Rahel spürte, dass sie sterben musste. Darum nannte sie den Jungen Benoni (‹Schmerzenskind›) … Rahel starb, und Jakob begrub sie an der Straße nach Efrata, das jetzt Bethlehem heißt.» (Hfa)

Segen und Leid sind im Leben oftmals so brutal nah beieinander. Menschen sterben, und zugleich kommen neue zur Welt. Gott erhört Gebete, und in einem anderen Fall sieht es so aus, als hätte er auf Durchzug geschaltet.

Joyce Meyer, eine bekannte Verkündigerin, hat mal in einer Predigt eine spannende Aussage gemacht: «Jeder von uns hat etwas, und jeder von uns hat etwas nicht!»[8]

Jeder von uns wird in gewissen Bereichen gesegnet und in anderen nicht. Jemand hat ein großes Haus, aber gleichzeitig große Schwierigkeiten in seiner Ehe. Ein anderer wiederum hat eine butterzarte, von Harmonie triefende Ehe mit dem geilsten Sexleben zusätzlich, doch kein Geld für ein Auto, geschweige denn für Ferien. Gut, für Balkonien reicht's. Ein anderer wiederum lebt ein Leben in Saus und Braus, ist aber allein und einsam und schaut bis tief in die Nacht Synchronschwimmen auf Eurosport, weil sonst nichts mehr kommt. Andere haben unglaublich viele Freunde, und doch: ein guter bester Freund fehlt ihnen.

Egal, wie wir es drehen und wenden, jeder wird in gewissen Bereichen gesegnet, und in anderen sieht es nicht so rosig bis zappenduster aus. Wie bei Jakob: Gott tut ein Wunder, das zweite Wunschkind kommt zur Welt, und auf der anderen Seite verliert er seine geliebte Frau. Was für ein Hammer. Einfach nur grausam.

Was machen wir jetzt mit dieser Erkenntnis? Ich glaube, das Kunststück ist, sich mit dem Trost und der Hilfe Gottes nach einer Weile der Trauer auf den guten Part zu fokussieren und sich in Dankbarkeit zu üben. Aus dieser Haltung der Dankbarkeit entsteht die Gelassenheit, Situationen zu ertragen, die noch nicht so sind, wie sie sein sollten.

Sei «FÜR» das, was gut ist

In einer Autowerbung für SMART habe ich ein paar interessante Gedanken gelesen:

«FÜR – das sind nur drei Buchstaben, aber der Beginn von allem Großen. FÜR etwas zu sein, fordert den Status quo heraus. FÜR bedeutet: ‹Lasst uns zum Mond fliegen› statt ‹Lass uns zu Hause bleiben›. FÜR ist immer optimistisch und kennt keine Furcht. FÜR ist eine Kraft, die in jedem von uns steckt. Sei FÜR etwas. FÜR ein Leben voller Leben. FÜR mehr Platz und weniger Verschwendung. FÜR die Stadt, die du liebst.»[9]

Diesen kraftvollen Sätzen füge ich hinzu: «Sei für das, was du hast, und überlass alles andere getrost deinem Gott.» Denn Auto hin oder her: Jeder kann für etwas sein. Wenn wir begreifen, dass Gott uns als unser größter Fan Tag und Nacht von der Tribüne aus anfeuert und nur für uns «Shololoiooo» singt, und wenn wir erkennen, dass er für uns ist, trotz aller Widerstände und Schicksalsschläge, dann können wir für ihn und sein Reich leben, volle Möhre! Wir hören auf, uns zu beklagen, und freuen uns an dem, was ist und was wir haben.

Das kostet in einem ersten Schritt Überwindung, und wir bewegen uns aus unserer Klagezone, unserem Selbstmitleid und unserer Angst, zu kurz zu kommen, heraus. Wenn wir das schaffen, wird das unser Leben auf den Kopf stellen. Und die Welt sieht von da an anders aus. Garantiert!

Natürlich ist es im ersten Augenblick einfacher, sitzen zu bleiben, sich am Stammtisch unseres Lebens über alles und jeden zu beklagen und noch ein Absacker-Bierchen hinter die Binde zu kippen. Aber willst du da einsam lallend am verrauchten Tresen enden? Das Einzige, was da auf dich wartet, ist dein Pferd draußen vor dem Saloon.

Deshalb: Fange Feuer für das FÜR!

Sogar Jesus hat uns die unglaubliche Kraft des FÜRs vorgelebt. Er sagt von sich:

JOHANNES 12,47: «Denn ich bin nicht als Richter der Welt gekommen, sondern als ihr Retter.» (Hfa)

Jesus ist nicht auf die Erde gekommen, um zu verurteilen und gegen etwas zu sein – ganz im Gegenteil, er ist gekommen, um alle Marvel-Superhelden in den Schatten zu stellen und die ganze Welt auf einen Schlag zu retten! Er ist für uns!

Jesus ist für das Leben, für die Heilung, für den Durchbruch, für das Gute, für die Wahrheit, für den Zuspruch, für die Ermutigung, für die Gnade und

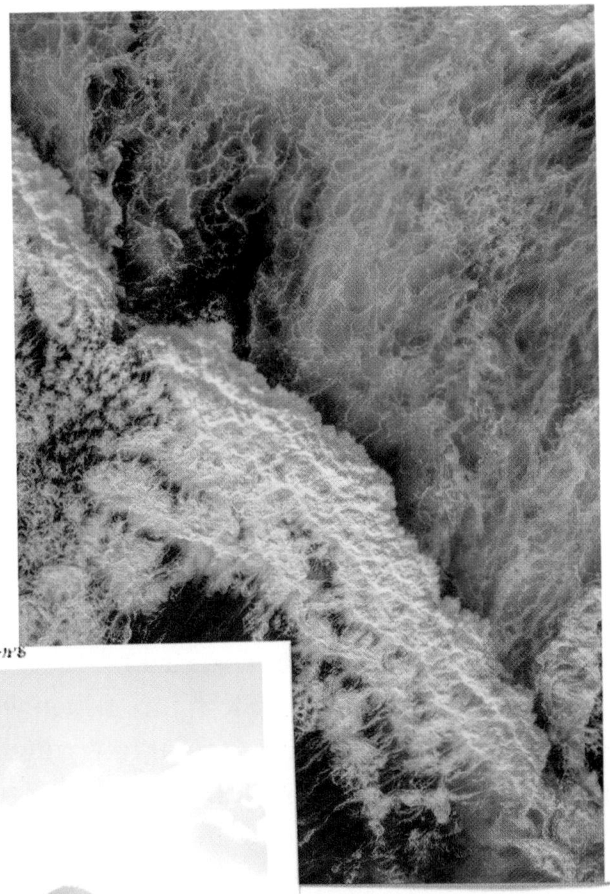

IMG_0211.jpg

für den Segen. Jesus ist für dich und positiv wie Micky Maus, Peter Pan und das ganze A-Team zusammen!

Gott ist auch dann für uns, wenn noch lange nicht alles so ist, wie es sein sollte oder wie wir es uns vorstellen.

So war es auch für Jakob. Seine Frau stirbt und gibt ihrem Sohn den Namen:

Benoni – Sohn des Schmerzes

Für Jakob wäre es einfach gewesen und für uns alle nachvollziehbar, wenn er hier aufgegeben hätte. Wenn er zu sich gesagt hätte: «Jetzt ist meine Frau gestorben, ich gebe auf. Jedes Mal, wenn ich meinen zweiten Sohn rufe, erinnere ich mich daran, wie unfair das Leben und auch Gott ist. Wie er mir meine über alles geliebte Frau einfach genommen hat. Der Junge ist ein Unglückskind! Benoni, das ist die Zukunft meines Lebens und die meines Sohnes: Schmerz, Hoffnungslosigkeit und Trauer.»

Jetzt kommt ein fettes reinhauendes DOCH: Doch Jakobs Verständnis von Gott war größer und seine Sicht fürs Leben weitsichtiger. Er ließ sich trotz dieser zappendusteren und schier unerträglichen Situation die Freude, den Mut und die Hoffnung auf ein gutes Leben nicht rauben. Und um dem Ausdruck zu geben, lief er aufs Standesamt und hat eine Namensänderung für seinen zweiten Sprössling durchgegeben:

1. MOSE 35,18: «Aber Rahel spürte, dass sie sterben musste. Darum nannte sie den Jungen Benoni (‹Schmerzenskind›), Jakob jedoch gab ihm den Namen Benjamin (‹Glückskind›).» (Hfa)

Benjamin – Sohn des Glücks

Jakob wehrte sich vehement, dass ein schwerer Schicksalsschlag sein Leben und das Leben seines Sohnes bestimmen sollte. Durch den Namenswechsel gab er dem Leben seiner ganzen Familie eine neue Richtung. Respect, Brother Jacob! Statt seinen Sohn in Schwere, Traurigkeit und Hoffnungslosigkeit aufwachsen zu lassen, setzte er auf die Flagge Perspektive, Mut und Zuversicht. Yesss, Baby, yess! Und heute lädt dich Gott höchstpersönlich ein, es Jakob gleichzutun und unter dieser Flagge zu segeln.

PSALM 108,5: «Denn deine Gnade reicht, so weit der Himmel ist ...» (LU17)

Vielen Menschen hat noch nie jemand gesagt, wer und was sie in den Augen Gottes wirklich sind. Stattdessen sagen ihnen fiese, hässliche und dumme Gedanken-Gnome immer wieder Dinge wie: «Du bist nicht talentiert. Du bist nicht liebenswert. Du bist ein Versager. Du bringst ja sowieso nichts auf die Reihe, außer weltklassemäßig auf die Schnauze zu fliegen! Du bist, wie du bist; lebe dein mittelmäßiges Leben weiter. Ah, nein, warte, du bist eher unterdurchschnittlich, vergiss das wieder mit dem mittelmäßig, du bist geboren, um abzulosen. Loser! Viel Spaß dabei!»

Diese Gedanken sind die Wurzel von so viel Übel. Ich flehe dich an, sie im Namen Jesu in die Wüste zu schicken. Und wenn sie zurückkommen: gerne immer und immer wieder, bis sie dort an einem Kaktus hängen bleiben und vertrocknen!

Nur ein Einziger darf dir sagen, wer und was du bist: Gott, der allmächtige Schöpfer, dein Vater im Himmel!

Wir beten einen Gott an, dem rein gar nichts unmöglich ist. Gott hält sogar für die aussichtsloseste Situation noch eine Lösung bereit. Vielleicht kommst du aus einer kaputten Familie und träumst davon, einmal eine frische, knusprige Ehe zu führen – dann halte mit aller Kraft diesen großartigen Traum fest, denn mit Gott zusammen wird er möglich!

Oder vielleicht geht es dir wie Don Quichotte, und du kämpfst in deinem Leben gegen Windmühlen an – offensichtliche Schwächen, die dir immer wieder hinterhältig ein Bein stellen, Süchte, die dich einnehmen, Gedanken, die dich plagen, oder eine Angst, die dich immer wieder befällt, und es scheint keine Rettung zu geben. Ich ermutige dich, bleib dran. Gottes Spezialität ist Rettung, und seine himmlischen Truppen arbeiten mit Hochdruck an deiner Befreiung.

Oder hast du den Traum in dir, einmal ein erfolgreiches Unternehmen aufzubauen, einen eigenen Song oder ein Buch zu schreiben, ein sportliches Ziel zu erreichen oder dich in deinem Körper wieder wohl zu fühlen? Dann lass dir deine Träume nicht rauben, denn wir haben einen Gott, der für uns ist, für uns kämpft und alles immer wieder in Bewegung setzt, um mit uns ans Ziel zu kommen.

Kürzlich las ich in einer Zeitschrift die Geschichte der Stadt Tel Aviv in Israel. Tel Aviv ist heute eine Stadt, die pulsiert, lebt, neue Errungenschaften hervorbringt und Millionen von Menschen anzieht. Der Punkt ist: Vor über hundert Jahren gab es Tel Aviv noch gar nicht.

Erst 1909 wurde in der Wüste Israels der Grundstein für diese Stadt gelegt. Das Magazin «GEO Epoche» beschreibt dies folgendermaßen:

«Am 11. April 1909 halten die Gründerväter Tel Avivs eine Lotterie ab. Zu verlosen sind 60 Grundstücke auf fünf Hektar Dünensand nördlich von Jaffa. Schon bald entsteht hier die größte Stadt Palästinas (heute Israel).» [10]

Tausende von jüdischen Einwanderern haben mit viel Herz und großem Glauben in dieser kargen Wüste eine blühende Stadt aufgebaut, eine Weltmetropole, und das in nur hundert Jahren. Ein eindrückliches Beispiel dafür, dass in einem Leben mit Gott alles möglich ist. Aus einer Wüste entsteht fruchtbares Land, aus dem Nichts entstehen Städte, aus Hoffnungslosigkeit entsteht Leben. Die Wüste wurde umbenannt in Tel Aviv. [11]

JAKOB JEDOCH NANNTE IHN BENJAMIN: SOHN DES GLÜCKS

Es ist einfach, die Situation zu benennen, wie sie ist. Es ist Schmerz, es ist Trauer, es ist eine Niederlage. Alles sieht schlecht aus. Und du siehst keine Hoffnung mehr. Du kannst es aber wie Jakob machen und deine schmerzvolle Situation neu benennen.

Jakob hat diese Strategie immer wieder angewendet. Er hat Situationen dadurch eine neue, positive Identität gegeben. Ich möchte mit dir ein paar grandiose Lehrstücke dazu anschauen:

1. Beispiel: Eine neue Identität

1. MOSE 32,29: «Von jetzt an sollst du nicht mehr Jakob heißen. Du hast schon mit Gott und mit Menschen gekämpft und immer gesiegt. Darum heißt du von jetzt an Israel.» (Hfa)

In diesem Beispiel sehen wir, dass Jakob erlebt, wie sein Name geändert wird. Aus Jakob, dem Lügner und Betrüger, wird Israel, ein Mann Gottes, ein Mann, für dessen Recht Gott kämpft.

Auch unsere Identität wird Gott ändern, wenn wir beginnen, ihm wie ein Kind zu vertrauen. In Gottes guter Gegenwart werden aus Zweiflern Glaubenskämpfer. Aus Minderwertigen werden Menschen, die die Welt auf den Kopf stellen. Aus Ängstlichen werden Mutige, die voranschreiten. Aus Unscheinbaren werden Helden, die leuchten und andere inspirieren.

2. Beispiel: Eine neue Sichtweise

1. MOSE 28,17–19: «Jakob erwachte. Erschrocken blickte er um sich. ‹Tatsächlich – der HERR wohnt hier, und ich habe es nicht gewusst!›, rief er. [...] Er nahm den Stein, auf den er seinen Kopf gelegt hatte, stellte ihn als Gedenkstein auf und goss Öl darüber, um ihn Gott zu weihen. Er nannte den Ort Bethel (‹Haus Gottes›). Vorher hieß er Lus.» (Hfa)

Jakob gab seinem Alltag einen neuen Namen: «Ab sofort wohnt Gott in meinem Alltag.» Er entschied sich für eine radikale, rundum erneuerte Sichtweise und belebte seine abgelutschte alltägliche Routine neu.

Auch unser Alltag wird durch das Bewusstsein, dass Gott da ist, gepimpt. Und Alltag wird plötzlich spannend. Jesus sitzt plötzlich mit dir im Tram, und du sprichst mit ihm über die neusten Schlagzeilen. Und beim Windelwechseln hält er dir charmant die Nase zu und freut sich mit dir über das Glücksglucksen deines Kindes.

3. Beispiel: Die Sicht der Gnade

1. MOSE 32,3: «Erstaunt rief er: ‹Hier ist das Lager Gottes!› Deshalb nannte er den Ort Mahanajim (Doppellager).» (GNB)

Jakob ist auf der Flucht vor seinem Onkel Laban und bemerkt plötzlich, dass ihn ein doppeltes Heer von Engeln beschützt. Jakob, vor dem eigentlich viele Menschen selbst geschützt werden müssten, erhält von Gott höchstpersönlich nicht nur einen Bodyguard wie Whitney Houston, sondern gleich ein doppeltes Heer!

Das ist Gnade. Jakob hat sie sich weder verdient noch erarbeitet. Gott beschützt ihn, weil Gott das so will. So ist es auch in unserem Leben. Gott ist auf unserer Seite. Verdient hat das niemand von uns. Benenne deine Situation neu, indem du dir bewusst machst, wie gnädig Gott dir immer wieder ist. Und freu dich wie Schmidts Katze, dass da auch kühne Engel um dich rumstehen. Hey Leute, gut, euch zu sehen!

4. Beispiel: Aus normal wird göttlich

1. MOSE 32,31: «‹Ich habe Gott von Angesicht zu Angesicht gesehen, und trotzdem lebe ich noch!›, rief Jakob. Darum nannte er den Ort Pnuël (‹Gesicht Gottes›).» (Hfa)

Jakob kämpft mit Gott und überlebt diesen Kampf. Sofort änderte er wieder einen Namen. Aus diesem normalen Ort wird ein göttlicher.

Auch du kennst vielleicht Orte, die für andere «normal» erscheinen, die du aber mit einem persönlichen Gottes-Erlebnis verbindest. Das kann eine Kirche sein, ein Ort draußen in der Natur, ein Platz in deiner Wohnung, ein Land oder eine Ortschaft. Vielleicht hast du Lust, diesem Ort einen Namen zu geben. Auf jeden Fall soll dich dieser Ort immer wieder daran erinnern, dass Gott Wunder tun wird.

Wie du siehst, war eines der größten Hobbys von Jakob, sich neue Namen auszudenken. Eine kreative Ader ist ihm definitiv nicht abzusprechen. Das Coole ist, dass er dadurch zu einem Mann nach dem Herzen Gottes wurde, der es schaffte, nicht im Ist-Zustand zu bleiben, sondern sich ausstreckte nach göttlicher guter Veränderung. Das führt mich zu meiner Frage an dich:

WIE BENENNST DU DEINE SITUATION?

Welchen Namen gibst du deiner Situation, deinen Gefühlen, deinen Niederlagen, deinen unerfüllten Sehnsüchten? Wir geben diesen Dingen immer einen Namen. Ein Gefühl ist ein Name. Etwas, an das wir glauben oder nicht, ist ein Name. Wörter, die wir über uns aussprechen, sind Namen. Mir sagte mal eine Frau, nachdem ihr Mann gestorben war: «Ich werde immer mit der Trauer leben müssen.»

Jakob hat das anders gesehen. Radikal anders. Wenn sein Lieblingshobby Namen-Ausdenken war, war sein Lieblingswort:

Jakob sagte: «Meine Frau ist gestorben, ich jedoch nenne meinen Sohn ‹Benjamin – Sohn des Glücks›.»

Jedoch. Du kannst wählen. Entweder benennst du die Situation, wie sie ist, oder du setzt ein alles veränderndes JEDOCH ein und gibst der Situation eine neue Bedeutung.

Vor einiger Zeit befanden wir uns als Kirche einmal mehr in einer sehr herausfordernden Situation. Es betraf, wie könnte es anders sein, unser zukünftiges Gebäude. Plötzlich war wieder mal alles unklar. Gefühlt zum 523. Mal. Oh Mann, die Haare wurden unterdessen sogar unter der Achsel grau. Wir wussten nicht, ob es erstens mit der Baubewilligung und zweitens mit den Finanzen klappen würde, und es sah alles andere als Rosamunde-Pilcher-rosig aus.

In dieser Zeit kamen mir nahestehende Leute auf mich zu und sagten in bedeutungsschwangerem Ton: «Leo, das Ganze ist ein Test, Gott will euch als Kirche testen.»

Ich dachte nur: «Test? Wer will schon getestet werden?! Klingt negativ und destruktiv. Klar, es mag stimmen, aber ich will das so nicht akzeptieren.»

So änderte ich kurzerhand den Namen und sagte:

Aus «Test» mach ich «Testimony».

Testimony bedeutet Zeugnis. Ich gab den Leuten damit zu verstehen: «Vielleicht mag es ein Test sein, doch ich hab da momentan so viel Bock drauf wie auf einen ungezuckerten Fencheltee an einem heißen Sommertag. Wisst ihr, was? Ich ändere die Situation und gebe ihr einen neuen Namen. Aus diesem momentanen Test wird Gott ein Zeugnis machen, ein Zeugnis für seine Größe, seine Kraft, seine Fürsorge, seine Bewahrung, und schlussendlich werden alle sehen, wie groß und einzigartig unser Gott im Himmel ist!»

Ja, es mag nicht gut aussehen im Jetzt, JEDOCH mit Gott zusammen können wir jeglichen Situationen einen neuen Namen geben.

Entscheide dich, Gutes zu denken und auszusprechen.

Wenn du denkst: «Diese Prüfung schaffe ich nie. Die Zeit bei meiner Arbeit wird auch heute wieder nie vorbeigehen. Mein Sexleben ist so aufregend wie das von Franz von Assisi!»

... dann ist dein Denken gegen das gerichtet, was Gott für dich schon mal bereitgestellt hat. Noch bedenklicher ist, dass deinen Gedanken Worte folgen werden und deinen Worten Taten, und schließlich wird dein Leben wirklich so aussehen, wie du es dir gedacht hast. Armer Franz! Dein Denken malt schlussendlich immer dein Bild der Zukunft.

Darum ermutige ich dich, dein Denken auf Sieg zu trimmen:

«Hey, ich habe gelernt, ich habe Gott im Rücken, er wird mir während der Prüfung himmlische Glühbirnen aufgehen lassen, ich schaff das! – Heute wird ein großartiger Tag im Büdchen. Ich werde die Arbeitswelt revolutionieren, Spaß haben und viele spannende Momente erleben! – Heute Abend verführe ich meinen Mann. Ich glaube, ich pflück schon mal ein paar Erdbeeren!»

Lass dich voll und ganz auf Gott ein, lass dich von ihm inspirieren und fülle deinen Kopf mit seinen guten, kraftvollen und lebensspendenden Gedanken, dann, das garantiere ich dir, wird der Zug ins Rollen kommen und die Post abgehen. Und der Barthel weiß dann auch, wo er den Most zu holen hat!

Du bist parat für großartige Tage voller kleiner und großer Siege. Gott wird dir coole Lösungen und Ideen für Probleme schenken, die richtigen Leute über den Weg schicken. Du bist ready für tolle himmlische Überraschungen.

Schließlich bist du eine einzigartige Tochter oder ein gewollter Sohn des Königs aller Könige. Er hat das ganze Universum geschaffen und hat sich selbst dich als Krönung geschenkt! Stell dir vor, du kannst gar nicht anders, als ihm ein unglaublich breites Lächeln aufs Gesicht zu zaubern. Er bringt es einfach nicht weg! Tja, das hätte er sich früher überlegen müssen.

In deinen Adern fließt sein königliches Blut. Spür, wie es pulsiert, und lass dich von seinem Leben anstecken, marschiere mit erhobener Brust durch seine Welt, und erwarte sein Wirken und Handeln in jeder Stunde.

Ich kann es kaum erwarten, von dir zu hören! Wie bei Jakob wird Gott deine Lebensgeschichte schreiben und dich an Orte führen, von denen du vielleicht erst durch dieses Buch zu träumen angefangen hast. YES, HE CAN!

EPHESER 3,20–21: «Gott kann unendlich viel mehr an uns tun, als wir jemals von ihm erbitten oder auch nur ausdenken können. So mächtig ist die Kraft, mit der er in uns wirkt. Gepriesen sei er in der Gemeinde und durch Jesus Christus in alle Ewigkeit! AMEN!» (DGN)

QUELLENVERZEICHNIS

1 Ganze Story auf JESUS.ch: http://www.jesus.ch/erlebt/spiritualitaet/wunder/299300-aus_dem_unglueck_hat_gott_etwas_gutes_gemacht.html.

2 Aus Joel Osteen: «Everyday a Friday».

3 Jack Welch: «Was zählt», Ullstein, Berlin 2003, Seite 442 (Nachwort).

4 Aus dem Song «Face to Face», ICF Worship.

5 Aus Joel Osteen: Everyday a Friday, Seite 57.

6 Quelle: Interview mit Rick Warren, in: «ideaSpektrum», 4. September 2013.

7 Quelle: Interview mit Rick Warren, ebd.

8 Anlässlich der «Colour Conference» der Hillsong Church in London, 2015.

9 Smart-Werbeclip; Clip ist leider nicht mehr online, daher Quelle unbekannt oder nicht mehr auffindbar.

10 «GEO Epoche», Nr. 61, 3. Juni 2013.

11 Der Name «Tel Aviv» ist einer poetischen Übersetzung des Titels des utopischen Romans «Altneuland» von Theodor Herzl entliehen. Darin steht «Tel» (vielschichtiger Siedlungshügel) für «alt» und «Aviv» (Frühling) für «neu». Der Name kommt bereits beim biblischen Propheten Hesekiel vor, wo er einen anderen Ort bezeichnet (Quelle: org.wikipedia.de).

BILDNACHWEIS

Leon Seierlein, ICF Creative:
Seite 3, 11, 13, 17, 25, 29, 33, 35, 37, 41, 49, 53, 59, 61, 69, 73, 77, 81, 85, 89, 91, 95, 99, 107, 111, 11, 123, 125, 133, 137, 143, 145, 147, 151, 159, 163, 167, 169, 173, 177, 181, 185, 193, 195, 199, 203, 207.

unsplash.com:
Seite 21, 33, 41, 45, 65, 77, 81, 99, 103, 111, 115, 133, 141, 155, 159, 173, 177, 185, 203, 211.